U0058082

品格怎麼教 ② ？

中年級版

讀報與修辭寫作

吳淑玲　策畫主編

萬榮輝等　　著

策畫主編簡介

策畫主編簡介

吳淑玲

- 曾任教台北市立教育大學幼教系及多所大專校院幼保系，講授「兒童文學」、「幼兒文學與創作」、「幼兒資訊教學與應用」、「世界文學名著導讀」、「親職教育」等課程，目前為馬偕護校幼保系兼任講師
- 教育部語文教學專案研究、幼兒園、托兒所評鑑委員
- 全國「好書大家讀」年度總評審委員
- 各縣市故事志工培訓指導老師
- 國小及幼兒園輔導團「語文」、「性別平等」、「品格教育」行動研究指導老師
- 2006 年起，教育部五年輔導計畫公私立幼稚園、托兒所輔導老師
- 2006 ～ 2008 年台北市公立托兒所新移民及弱勢家庭語文督導
- 2007 ～ 2009 年桃園縣教育局托兒所、幼稚園、國小閱讀專案指導老師

作者簡介

作者簡介			
姓名	學歷	經歷	現職
萬榮輝	國立台北師範學院課程與教學研究所碩士	國小教師、組長、總務主任、教務主任、輔導主任、桃園縣國民教育輔導團成員	桃園縣大崗國小校長
魏慶雲	國立台北教育大學數學教育研究所	國小教師、組長、代理主任、桃園縣國民教育輔導團成員	桃園縣北門國小教師
黃瓊惠	台北市立師範學院學士	國小教師	桃園縣北門國小教師
黃淑芬	淡江大學學士	國小教師	桃園縣北門國小教師
李燕梅	國立嘉義大學學士	國小教師	桃園縣西門國小教師
林金慧	銘傳大學應用中文研究所碩士	國小教師	桃園縣同安國小教師
李明娟	國立海洋大學學士	國小教師、組長	桃園縣北門國小教師
呂宜靜	新竹教育大學學士	國小教師	台中市上安國小教師
陳杼鈴	新竹教育大學學士	國小教師	國小代課教師
褚雅如	美國奧本大學蒙哥馬利分校學士	國小教師	桃園縣同德國小教師
陳淑霞	台北市立教育大學數學資訊教育研究所碩士	國小教師、組長	桃園縣北門國小教師
劉惠文	國立嘉義大學學士	國小教師	國小代課教師

作者簡介			
姓名	學歷	經歷	現職
葉美城	國立花蓮師範學院學士	國小教師、組長	桃園縣北門國小教師
王勇欽	國立台中師範學院學士	國小教師、組長	桃園縣北門國小教師
林佩娟	國立台北師範學院課程與教學研究所碩士	國小教師、主任	桃園縣同德國小教務主任
陳鈺嬨	新竹教育大學學士	國小教師	桃園縣同德國小教師
范郁敏	台東師範學院學士	國小教師	桃園縣同德國小教師
鄭伊妏	新竹教育大學學士	國小教師	桃園縣莊敬國小教師

張 序.

生命之可貴，在於永遠有令人驚喜的柳暗花明。

教育之可貴，在於永遠能激發孩子心性裡的真、善、美。

由於執掌著全縣教育政策的執行與考核，便有許多與各級學校教師們面對面接觸的機會。接觸中發現：不管在怎樣的單位裡，總能看到全心為教育付出的老師們。這些老師身上所散發出的光與熱，常讓我為之驚喜：為莘莘學子能有幸接受最生動活潑的學習而驚喜，也為教育能量的充分發揮而驚喜。看著這些身在第一線的教師，努力的讓我們的孩子獲得更多、更好的學習，除了驚喜，更有許多欽佩。

在這些令人欽佩的老師們中，有一群最基層的國小教師們，近三年來不停的在「閱讀」、「寫作」與「品格」的教學上積極研究，嘗試著以各種素材作為教學內容，期待以最生動而有效的方式，給學生帶來不一樣卻精彩無比的學習過程。去年他們將教學過程整理成一本行動研究報告《品格怎麼教？》，已由心理出版社發行，並成為本縣專書研讀的指定書籍之一。如今他們又將最新的行動研究內容，集結成冊，要與大家分享他們的成果。

這種自發性的研究，與本處近年一直推動「在原有的課程內，以不增加教師備課的時間與難度的情況下，精進教學能力與技巧」的理念恰好不謀而合。

本套書的研究團隊，在吳淑玲教授的指導下，利用一年時間，研究的教學方向是：以國語日報為素材、以自學為基礎、以品格為中心，同時融入了修辭與寫作的內容。其目的則為：使用學生、家長或老師可以簡單取得的學習素材，利用有系統的學習指導，自學完成各單元的學習單，達成品格與寫作的學習效果，而且不增加教師或家長的負擔。

　　本套書的內容涵蓋了低、中、高年級的學習進度，依不同年段給予不同的深度與廣度的指導與學習。其中最特別的是為各年段學生設定學習常模，使指導者可以有學習成效的考核依據。這份學習常模的內容與九年一貫的能力指標並不相同，乃是根據團隊中資深教師在長久的教學歷程中，對學生的學習狀況及能力表現之觀察所得。常模中所列的條目儘管不多，卻深具參考價值，也是研究團隊中資深優良教師的經驗結晶。

　　好的教學經驗值得分享，好的教學方法應該傳承，好的學習環境需要家長、教師與行政單位的互相配合。教與學之中對師與生所產生的感動與成長，是所有教育從業人員生命中永不停止的驚喜。期待所有的教師都能成為學生學習過程中的貴人，共同見證孩子所散發出的真、善、美。因為惟有教師的誨人不倦，才能成就百年樹人的國家大計。

桃園縣教育處處長

張明文 博士

歐 序

「倫理道德該怎麼教？品格該如何培養？」這是許多父母和教師在面對家庭與社會教育功能式微、甚或負向影響漸顯之際，心中產生的疑惑。根據《天下雜誌》進行的「學生品格教育大調查」統計，有七成以上的受訪家長和老師，認為國中小學生的品格教育比十年前還差，更令人憂心的是，老師們覺得自己的影響力不及電視傳媒的炒作，也不如兒童同儕的相互影響，究竟學校和教師對於孩子的品格養成還能扮演什麼樣的角色？

桃園市北門國小的一群老師們長期關注品格教育，在萬榮輝主任帶領下，以輕鬆而多元的方式來實施品格教學，這套書就是他們的研究成果。書中的教學活動嘗試運用報紙作為教材來源，讓孩子在學會認識報紙、閱讀報紙文章與聽聞社會時事的同時，發現其中蘊含的品格內涵；再透過討論與體驗的活動，讓孩子從反省自己的行為中，體會良好品格的意義，並在日常生活中實踐出來。這種教學過程將知識、反省、體驗和實踐統整於生活中，應該是實施品格教育最有效的方法。

本套書的另一個特色是，除了讓孩子建立良好的品格行為外，也設計了一系列認識修辭的教學單元，例如從順口溜中認識修辭，從報紙文章中發現修辭，再從例句中去運用修辭。讓孩子在閱讀報紙的同時，不但能知曉天下國家之大事，培養其寬宏的態度與世界觀；認識與體驗品格的意義內涵，涵養其正確的品格與人生觀；甚至學習到文章中文藻修辭之美，進而提升其語文的欣賞與運用能力。

品德教育屬教育之基礎工程，其重要性不可言喻。但品格的涵養卻需長時間的播種。父母和教師如果能將家庭和學校耕耘為品格的苗圃，用心灌

溉，品格一定會在孩子內心生根。希望這本書提供的經驗和實例，激發教師和家長們的創新與靈感，一起荷鋤播種，共同努力，培養有品格的下一代！

大同大學通識教育中心

歐用生

2008 年 5 月

策畫主編序

讀報教學‧建立品格好典範

～培養「分析、思辨和實踐的品格力」

⊙ 什麼是「NIE」？

　　NIE（Newspaper In Education）指的是「讀報教育」。讀報教育起源於 1955 年的美國，目的是為了提升學童的讀寫能力，養成閱讀習慣。超過 20 年的推廣，每年南加州地區 35 所以上學校，超過 5 萬名學童受惠。多年來總計有 1300 萬份報紙送到兒童的手上。目前美國 40% 公立中小學實施，超過 1000 萬學生參與。以紐約市小學生為例，各科表現提升，文章解讀能力更提高了四倍之多。

⊙ 為什麼要倡導讀報？

　　聖地牙哥大學教育系專研讀寫領域的 Edward F. DeRoche 教授（dean of the School of Education at the University of San Diego）指出，「當今社會中有些成人低成就，是因為欠缺基礎的讀寫能力。提供報紙鼓勵學童閱讀，在教育上有適時的支持點，能為學童打開世界之窗，邁向成功之路。」報紙提供即時資訊，報導內容涵蓋全球，措辭遣字言簡意賅，是培養讀寫能力的好教材。

⊙ 哪些國家實施NIE教育？

　　北歐的挪威、瑞典，將 NIE 納入學校教育，法國有政府支援，從幼稚園開始推動，日本成立 NIE 全國中心，新加坡政府支援，學生人手一報。NIE 教育推廣，需要民間與政府一起投注心力，更能顯見成效。

⊙ 報紙在小學教學上的應用

「認識報紙」、「解析時事」、「語文練習」是讀報教育的基模，師生共同蒐集各篇報導，不僅關心時事，更能學習修辭，進一步以品格德目為探討主軸，將「品格、讀報、寫作」緊密的連結。

實施方式：

1. 採用一班一報制，分組蒐集相關品格文章。
2. 認識各修辭法（請參考低中高年段閱讀架構表）
3. 認識各品格定義（本套書以六大品格「關懷、尊重、信賴、誠實、責任及公平正義」為主）
4. 創意寫作練習
5. 遊戲活動設計
6. 品格行為檢核

⊙ 內容介紹

本套書共分低年級、中年級和高年級三部分。

低年級讀報教學精彩內容，包括：

1. 讀報教學：「知識百寶袋」活動。
2. 寫作教學：「故事藏寶圖」、「修辭加油站」、「語詞萬花筒」、「童話狂想曲」、「圖像急轉彎」等。
3. 品格教學：「品格放大鏡」活動。

中年級讀報教學精彩內容，包括：

1. 品格新聞／品格文章。
2. GPS（衛星導航）找新聞基本元素／找文章大意。
3. 佳言美句 PDA：找出文章中的佳言美句。
4. 修辭下午茶：由文章的句子進行修辭練習。

5. 品格搜查隊：品格內涵的認識、品格相關的活動。

6. 品格一線牽：勾選出具品格代表性的古今中外名人或事件。

7. 品格名言：列出許多偉人的品格名言。

8. 文章放大鏡：延伸介紹文章中提到的歷史、自然、時事、生活常識、語文遊戲等。

9. 品格溫度計：寫出自己生活中符合該項品格的事例，然後在溫度計中標示達到的程度。

高年級讀報教學精彩內容，共三部分：

1. 分別選用六大品格的文章，透過「品格 E.Z. go」的活動，加強對六大品格的認識。

2. 以「鳳博士講座」、「豹博士講座」的形式帶領孩子認識六種作文常用的開頭與結尾寫法。藉由分析文章的開頭結尾結構，以及範文的舉例，讓孩子能夠了解這些用法。再利用不同的練習方式，如：圖片情境寫作、短文情境寫作、剪報活動、仿寫等，再次加深孩子對這些開頭結尾法的使用。

3. 為了銜接低、中年級的修辭教學，高年級版中將帶領學生認識較難的六種修辭法——排比、映襯、借代、轉化、頂真、層遞，利用配對、填空、仿寫的方式，讓孩子能夠在讀報遊戲中學習修辭。

　　此外，低中高各年段均有「聆聽態度」、「語言表達」、「閱讀能力」、「文字表達」、「學習成效」表單，提供學生自我能力檢核；並附有全國適用的低中高年段學生的「閱讀與寫作能力指標」，提供家長與教師參考。而培養「分析、思辨和實踐的品格力」是讀報與品格教學研究的主要目的。

　　品格與讀報研究歷時兩年，老師們任教於各校，均利用課餘時間（寒暑假亦同）主動且積極研討。分組研究，集體報告，共同分享，是讀報與品格小組的執行模式。各年段資訊交流，拓展自己的教學視野；就事論事的提

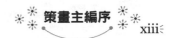

問,提升自己的教學專業;珍貴解析品格與修辭經驗,讓我們全盤了解一至六年級學童的語文修辭必要養成要素,並深刻體會到品格養成的重要。期間有多位老師考上研究所,課業繁重,仍持續參與研究,努力的精神令我們十分感佩!很榮幸與這一群對教學有熱忱,對語文有熱愛的老師共事!

感謝桃園市北門國小林校長梅鸞鼎力支持,萬主任榮輝積極推動,各年段召集人魏慶雲老師、陳淑霞老師的協助,還有研究小組每位老師的認真投入。當然,還要感謝心理出版社林總編輯的肯定及文玲編輯的耐心聯繫,專業編排,讓這套書能章節分明的呈現在每位讀者面前。

期盼各位教育先進不吝指正!!

吳淑玲

謹誌於台北 2008 年夏

作者序

《品格怎麼教 2 ？讀報與修辭寫作》當您拿到這本書時，您期待看到的是什麼？我們期待能讓您看到的是品格的探究、讀報的能力與寫作技巧的建構，一個一魚多吃，三者兼得的內容。

品格、創意、語文是未來的競爭能力所在，但我們並未有「孩子你不能輸在起跑點上的想法」，我們只希望孩子能提早建立閱讀習慣，提供孩子一個豐富的品格閱讀環境。希望當環境產生了質變，行為與思考也就會跟著產生改變。所以書中練習題多以勾選或填空方式呈現，希望小讀者能在一個無壓力狀況下學習，結合閱讀活動，兼顧語文和品格能力提升。

「種一個意念，收一個行動；種一個行動，收一個習慣；種一個習慣，收一個品格；種一個品格，收一個命運。」孩子品格力培養的最好時機與效果就在實際的生活裡，而更重要的影響還是在大人們身教、言教潛移默化中。當我們願意用心和行動來多陪孩子走一段路，培養他們良好的品格，給予他們正確的價值，這將是孩子們最美的資產。

北門國小輔導主任

萬榮輝

目 錄

認識報紙

🌼 閱讀報紙前，首先需要先認識報紙，要知道的部分如下：

一、認識報紙版面

1. 知道版名、刊頭、發行日期等。
2. 認識各版的特色，如：體育、文藝、社會新聞、國際新聞……等。

二、知道如何閱讀報紙文章

1. 閱讀的方式，如：應該由上到下，由右到左的閱讀文章（直書的版面），或由左到右，由上而下的閱讀（橫書的版面）。
2. 閱讀的內容應注意：標題／題目、記者／作者、插圖、圖片解釋。

三、進行剪報時應注意的資訊

1. 記錄下「報紙來源」、「日期」、「版名」等。
2. 認識新聞稿的重要內涵——Where（何地）、When（何時）、What（什麼）、Who（何人）、Why（為什麼）、How（如何）。

四、發現文章或報導中品格的元素

1. 能指出文章內所表現出的人、事與哪一項品格相關。
2. 能分辨其所呈現的品格項目，是正向的抑或是負向的表現。
3. 能根據文章內容做自我檢討。

開始練習吧！

中年級版
品格怎麼教❷？
讀報與修辭寫作

【學習單一】

讀報小達人（一）

💟 **我是讀報小達人：**＿＿＿＿＿＿＿＿＿＿＿＿

💟 **今天我讀的報紙是：**＿＿＿＿＿＿＿＿＿＿＿

💟 **今天報紙出刊的日期是：**

中華民國＿＿＿＿年＿＿＿＿月＿＿＿＿日　星期＿＿＿＿

💟 **我在這份報紙上看到了：**

〈看到的請打勾，可以複選喔！〉

□報紙名稱	□今天的日期和天氣	□訂報電話
□投稿文章	□新聞	□照片
□節目表	□廣告	□漫畫
□徵稿啟事	□新聞記者（文章作者）	
□投稿繪畫作品	□版面編號及版面名稱	
□還有＿＿＿＿＿＿＿＿＿＿		

💟 **連連看：我知道報紙刊頭的意思是**

焦點新聞 ★　　　　　　　★自然科學類知識新聞

地方新聞 ★　　　　　　　★各地方發生的事件與消息

文教新聞 ★　　　　　　　★小朋友的繪畫作品欣賞

科學教室 ★　　　　　　　★今天最重要的頭條新聞

藝術教室 ★　　　　　　　★文化與教育相關的新聞

【學習單二】

 ## 認識報紙大進擊

_____年_____班　姓名_____

聰明的小朋友：

　　現在你對報紙一定不陌生了吧！請你趕緊拿出手邊的報紙，看著報紙的版面，好好的來認識一下報紙吧！

　　「版面」是指報紙的外在面貌，報紙版面的各部分名稱和訊息也各有不同，我們先從第一張開始認識報紙的「報頭」和「報眉」。

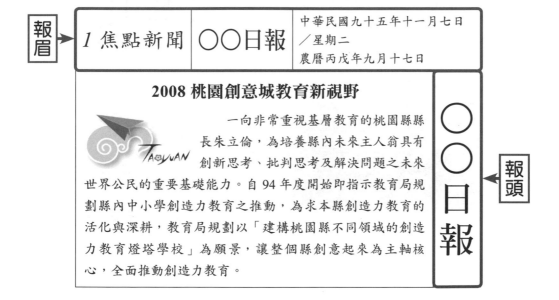

　　你從報紙中找到了這些地方嗎？請你試著從報紙中找出這些問題的答案：

1. 你手中報紙的出刊日是中華民國_____年_____月_____日

2. 這份報紙的創刊時間是：_____

3. 請你寫出報頭中本報的名稱：

_____

認識了報紙的「報頭」和「報眉」之後，我們來了解這份報紙的其他內容吧！

通常今天最重要的新聞會放在第一張報紙的頭條新聞中，請你將手中報紙頭條新聞的新聞標題寫出來：

_____

請你寫出手中報紙的「新聞圖說」主題是什麼？

_____

你可以為「新聞圖說」想想另外一個主題嗎？

_____

看完第一張，我們趕緊翻開報紙的其他版面，每個版面都有不同的名字和內容喔！

---

13 教育 ｜ **○○日報** ｜ 中華民國九十五年十一月七日／星期二　農曆丙戌年九月十七日

演出聲命的熱力與創意

品格、創意、語文是未來的競爭能力所在，但我們並未有「孩子能贏在起跑點上的想法」，我們只希望孩子能提早建立閱讀習慣，提供孩子一個豐富的品格閱讀環境。希望當環境產生了質變，行為與思考也就會跟著產生改變。所以書中練習題多以勾選或填空方式呈現，希望小讀者能在一個無壓力狀況下學習，結合閱讀活動，兼顧語文和品格能力提升。

「種一個意念，收一個行動；種一個行動，收一個習慣；種一個習慣，收一個品格；種一個品格，收一個命運。」孩子品格力培養的最好時機與效果就在實際的生活裡，而更重要的影響還是在大人們身教、言教潛移默化中。當我們願意用心和行動來多陪孩子走一段路，培養他們良好的品格，給予他們正確的價值，這將是孩子們最美的資產。

版名　　**專欄**

北門國小為配合本月份身心障礙宣導月主題「因為有愛，幸福無礙」活動，引導學生進一步理解及關懷身心障礙者，甚至向身心障礙者學習其不畏天生困境而勇於追求自己夢想的精神，特地利用11月9日上午時間邀請街頭視障歌手阿邦到校進行街頭演唱，並於期間與全校學生分享其創作的奮鬥歷程，同時與全校學生共勉。

阿邦本名徐承邦，民國74年生，因早產導致雙目失明，民國80年進入台北啟明學校就讀。從小，在爺爺的薰陶下，開始接觸音樂，學習吹奏口琴，在啟明學校就讀期間，接受更有系統的音樂訓練，先後加入符音合唱團、小精靈樂團。

也許是因為看不見的關係吧！玩起音樂來格外專注認真。對節奏有一種與生俱來的獨特敏銳感覺。他也發現，越是了解音樂，對音樂的喜愛越發狂熱，更想把這種感動，分享給所有認識與不認識的朋友。

北門國小今日的身心障礙宣導活動，除了帶給全校師生不一樣的體驗外，也讓小朋友相信只要發揮自己的優勢智慧，認真努力地追求夢想，生活一樣可以過得很精彩。

請你翻翻報紙，將每個版面的名稱寫下來：

第一版：_____　　第二版：_____

第三版：_____　　第四版：_____

第五版：_____　　第六版：_____

第七版：_____　　第八版：_____

第九版：_____　　第十版：_____

第十一版：_____　　第十二版：_____

第十三版：_____　　第十四版：_____

第十五版：_____　　第十六版：_____

你最喜歡的版面是_____版，為什麼？

_____

【學習單三】

 讀報小達人（二）

💟 我是讀報小達人：_____

💟 我剪報的標題是：

_____

💟 在這篇剪報裡出現的人物有：

_____

💟 請完整的剪下一則文章或報導貼在下面，並寫出來源、日期和版面。

剪報黏貼處

剪報來源：_____報

日期：_____年_____月_____日

版面：第_____版　版名_____

【學習單四】

 我是剪報高手

____年____班____號　姓名_____

剪報高手		剪報日期	
剪報來源／日期		版面名稱	
剪報內容			

剪報黏貼處

看了這篇文章我的心得感想：

_____

_____

_____

_____

中年級課程設計理念說明

一、特色

　　本教學設計扣緊「讀報」、「品格」、「寫作」三方面，以期讓學生從認識報紙中增加閱讀興趣；從報紙新聞、文章中學習品格內涵，以至於優良行為的建立；再從修辭學習中增進寫作能力，提升語文能力。主要教學設計分為下面二大部分。

（一）第一單元「六大品格教學：品格搜查隊」

　　教師依據「誠實、責任、信賴、關懷、公平正義及尊重」等六大品格，從報紙中各選出一篇「範例新聞」、「範例文章」，並從這些文章內容設計品格學習單，其中包含品格活動、語文遊戲等等，主要在達成品格的涵養和增進語文能力的教學目標。本教學之學習單特色內容如下：

1. 品格新聞／品格文章。
2. GPS（衛星導航）找新聞基本元素／找文章大意。
3. 佳言美句 PDA：找出文章中的佳言美句。
4. 修辭下午茶：由文章的句子進行修辭練習。
5. 品格搜查隊：品格內涵的認識、品格相關的活動。
6. 品格一線牽：勾選出具品格代表性的古今中外名人或事件。
7. 品格名言：列出許多偉人的品格名言。
8. 文章放大鏡：延伸介紹文章中提到的歷史／自然／時事／生活常識／語文遊戲等等。
9. 品格溫度計：寫出自己生活中符合該項品格的事例，然後在溫度計中標示達到的程度。

（二）第二單元「修辭寫作教學：修辭大作戰」

　　本研究團隊教師，整理並分析出現今國小語文課程中學生必學之修辭內容，為求修辭學習上的縱向統整及避免無謂的重複學習，我們區分出低、中、高各年段所需之修辭內容，其中本年段歸納出學生必須學會的八大修辭，教師群並配合從報紙中選出代表性的修辭文章，透過認識與練習修辭技巧的創意教學過程，達到品格與寫作能力的提升。本教學之學習單特色內容如下：

1. 「××」修辭順口溜：依各篇修辭的特性及用法編寫出順口溜，讓學生能朗朗上口，加深印象。
2. ×× 修辭知多少：介紹修辭的意義及用法。
3. ×× 達人：進行修辭練習。
4. 修辭小偵探：從範例文章中，找出修辭的句子。
5. 大顯身手：從範例句和練習題中，進行修辭練習和各種仿寫習作。
6. 修辭溫度計：檢核自己在各次能力的實踐狀況，並在溫度計中標示達到的程度。

二、架構

認識報紙

用剪報活動來認識報紙，並介紹報紙版面配置。

由完整的學習單設計進行修辭練習，包含由報紙的文章認識修辭，以及仿作和短文的習寫。

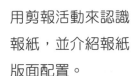

看新聞　玩修辭
學品格

品格教學

修辭教學

由完整的學習單來認識六大品格，包含範文介紹品格，以及語文遊戲訓練。

三、中年級學生閱讀／寫作能力常模

	檢核項目	配合之能力指標
聆聽態度	1 能概略聽出朗讀時優美的節奏。	1-3-2-1 能概略聽出朗讀時優美的節奏。
	2 能結合科技資訊，提昇聆聽的速度。	1-2-8-5 能結合科技資訊，提昇聆聽的能力，以提高學習興趣。
	3 能簡要歸納聆聽的內容。	2-2-7-8 能簡要歸納聆聽的內容。
語言表達	1 能說出文章的主旨及大意。	2-2-4-5 能說出一段話或一篇短文的要點。
	2 能指出文章中包含哪些品格，並了解品格內涵。	1-4-9-3 能依主題表達意見。
	3 能討論閱讀的內容，分享閱讀的心得。	2-1-1-2 能和他人交換意見、口述見聞，或當眾做簡要演說。
閱讀能力	1 能流暢的朗讀出 200 字以上的文章。	1-7-2-1 能流暢朗讀出文章表達的情感。
	2 能讀出文章的抑揚頓挫與文章感情。	2-4-2-2 能讀出文章的抑揚頓挫與文章感情。
	3 能分辨基本的文體（記敘文、抒情文、說明文、論說文、應用文）。	1-2-2-2 能分辨基本的文體。
文字表達	1 能了解標點符號的功能，並能恰當的使用。	F-2-7 能了解標點符號的功能，並在寫作時恰當的使用。
	2 能理解並運用修辭的技巧（類疊、轉化、譬喻、摹寫、設問、感嘆、排比、誇飾）。	2-8-2-1 能理解簡單的修辭技巧，並練習應用在實際寫作。
	3 能應用改寫、續寫、擴寫、縮寫等方式寫作。	F-1-2 能擴充詞彙，正確的遣辭造句，並練習常用的基本句型。 2-4-3-1 能應用改寫、續寫、擴寫、縮寫等方式寫作。

	檢核項目	配合之能力指標
文字表達	4 閱讀過後能記錄下想法與心得。	F-2-5 能具備自己修改作文的能力，並主動和他人交換寫作心得。
	5 能學習觀察簡單的圖畫和事物，練習寫成一段文字。	1-1-1-1 能學習觀察簡單的圖畫和事物，並練習寫成一段文字。
	6 能概略知道寫作的步驟（從收集材料到審題、立意、選材及安排段落、組織成篇）。	F-1-6 能概略知道寫作的步驟（從收集材料到審題、立意、選材及安排段落、組織成篇），逐步豐富作品的內容。
	7 配合生活經驗，練習寫出簡單的分段文章。	1-4-6-2 能寫出自己身邊或與鄉土有關的人、事、物。
	8 能發揮想像力，嘗試創作。	F-2-10 能發揮想像力，嘗試創作，並欣賞自己的作品。
學習成效	1 能在閱讀過程中，體會品格的重要（誠實、尊重、關懷、責任、信賴、公平正義）。	1-3-5-2 能在閱讀過程中，領會作者的想法，進而體會尊重別人的重要。
	2 學會資料剪輯、摘要和整理的能力。	2-6-3-3 學習資料剪輯、摘要和整理的能力。
	3 能養成主動閱讀課外（注音）讀物的習慣。	1-4-1-1 能喜愛閱讀課外（注音）讀物，進而主動擴展閱讀視野。
	4 能經由觀摩、欣賞與分享，培養良好的寫作態度與興趣。	F-1-1 能經由觀摩、分享與欣賞，培養良好的寫作態度與興趣。
	5 能在讀寫過程中，培養合作的精神。	2-8-5-3 能在閱讀過程中，培養參與團體的精神，增進人際互動。

四、教學內容及設計者

品格名稱	教學單元			
	1. 品格搜查隊		2. 修辭大作戰	
誠實	新聞	呂宜靜	設問法	李明娟
	文章	呂宜靜	感嘆法	呂宜靜
尊重	新聞	陳杼鈴		
	文章	李明娟	誇飾法	陳杼鈴
關懷	新聞	葉美城		
	文章	葉美城	類疊法	褚雅如
責任	新聞	陳杼鈴	轉化法	陳淑霞
	文章	陳杼鈴		
信賴	新聞	褚雅如	摹寫法	劉惠文
	文章	褚雅如	排比法	劉惠文
公平正義	新聞	劉惠文		
	文章	劉惠文	譬喻法	葉美城

第一單元
品格搜查隊

六大品格

＿＿年＿＿班＿＿號　姓名：＿＿＿＿＿＿

品格新聞 ✳ ✳ ✳ ✳ ✳

誠信　公民社會的核心價值

國語日報／2 版文教新聞／民國九十六年三月二十一日

◎簡錫堦／報導

　　嘉義瑞里公路邊上有個無人看管的賣菜小攤，攤位上擺著幾種山菜，標明價錢，遊客自行稱重、投錢、找零，所有交易過程全憑誠信，人稱「良心攤」。瑞典鄉間農場也有許多類似的良心攤，農場門口放著雞蛋等農產品，客人自己挑選後付錢、找錢。瑞典人的誠實與信任，為他們贏得國際品牌形象第一名，獲獎原因就是「誠實和值得依賴的瑞典人」。

　　「誠信」的社會價值觀一旦建立，小至良心攤可以減少農民顧攤的人力與時間，大至整個社會可以減少彼此猜忌與算計的額外成本。一般企業更無須為了打通關節，層層送紅包、關說，而可以把節省的成本，用於提升品質與服務，同時也能減少貪污、舞弊。

　　政治若建立在誠實、廉潔的基礎上，施政重心就可以著重在興利而非防弊。誠信、清廉，並不是虛幻的倫理價值，而是具體切身的生活方式。從路邊小販到跨國企業，都能將遵守誠信視為理所當然，我們就不須擔心吃到黑心食品，不須遭受環境公害。社會信任度越高，越能擁有清廉的民主政治。

小朋友，這篇報導包含哪些品格，請分別用不同的顏色塗滿，並在文章中出現品格的文字部分畫線！

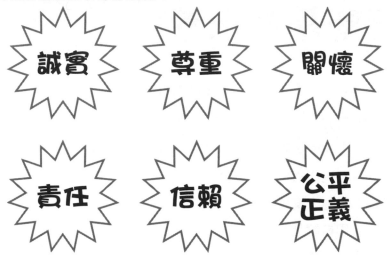

GPS（衛星導航）
找新聞基本元素

請根據 5W1H 勾選出報導中的正確選項。

Who（人、主角）： □良心攤　　□誠實攤　　□瑞典人

What（事）： □說明人應互相尊重　　□說明買賣的技巧

□說明誠信的重要性

When（時）： □商人交易過程　　□執政者施政時

□具體落實於日常生活中

Why（為什麼）： □誠信需依賴企業間打通關節、層層送紅包來表示

□誠信可減少不必要的額外算計成本，並提升品質

□誠信只是虛幻的倫理價值，不能在生活中落實做到

How（方式）： □誠信是虛幻的倫理價值

□誠信是具體切身的生活方式

□誠信是打通層層關節的關鍵

請問本篇報導的文體是：（　　　　　）文

佳言美句 PDA

請找出報導中的成語或是好句子，把它記錄下來。

_____

_____

_____

_____

品格搜查隊

誠實攤

在日常生活中，還有許多關於誠實的例子喔！

現在請你逛逛下面的「誠實攤」，如果你能做到的項目就可以**圈起來**放入你的購物籃中帶回家，並請將剩下的蔬果類填上其他日常生活中誠實的例子吧！

撿到的東西，不論是文具或是金錢，我會交到失物招領處，不占為己有。

如果不小心將別人的東西弄壞了，我會承認並向同學道歉。

不是只有在做錯事時才可以誠實，告訴別人真相不說假話，這也是誠實！

做錯了事情，我會勇於承認錯誤。

買東西店員多找錢給我，我會誠實退還給店員。

好朋友做錯事情，我也能據實以告，不因偏袒朋友而說謊。

文章放大鏡 🔍 ✳ ✳ ✳ ✳ ✳

 ## 如何判斷黑心食品？

　　添加在黑心食品中的化學物質大部分是防腐劑、漂白劑等，有些可能是引發癌症的致癌物質，因此，掌握以下判斷食品的小訣竅，就不容易購買到黑心食品了！（看完後請勾選「☺我了解了」或「☹再努力」的選項。）

🎥 **小訣竅1**：不要選購顏色太白、太漂亮的食品，盡量選擇接近食物原色的食品。

顏色鮮豔的糖果	顏色太白的食品	我還知道……
顏色鮮豔極可能是染色加工成品	可能添加了漂白水加以漂白	
□ 我了解了☺ □ 再努力☹	□ 我了解了☺ □ 再努力☹	□ 我了解了☺ □ 再努力☹

小訣竅 2：沒有真空包裝卻可以長期儲存的食品通常也會添加防腐劑。

散裝香腸或臘肉	長期儲存的食品	我還知道……
須注意是否有添加防腐劑的標示	須注意是否有添加防腐劑的標示	
□ 我了解了 ☺ □ 再努力 ☹	□ 我了解了 ☺ □ 再努力 ☹	□ 我了解了 ☺ □ 再努力 ☹

 小訣竅 3：盡量以新鮮食材為宜，選擇當季盛產的食材。

蔬菜	水果	魚類或肉類
表面太過漂亮的蔬菜，要避免有農藥過多的疑慮	顏色太過鮮豔漂亮的水果，要避免有農藥過多的疑慮	要注意食品新鮮度、是否抗生素過多的問題
□ 我了解了 ☺ □ 再努力 ☹	□ 我了解了 ☺ □ 再努力 ☹	□ 我了解了 ☺ □ 再努力 ☹

品格溫度計

很好	
普通	
加油	

親愛的小朋友，日常生活中你是位努力誠實的小尖兵嗎？想想自己努力的程度，畫在品格溫度計上，並想一想怎樣做會更棒！

 學習成效檢核表

請依照自己的學習成效用色筆在不同的表情上塗畫顏色。

	學習目標	經常做到	有時做到	很少做到
聽	⊙ 能概略聽出朗讀時優美的節奏	☺	😐	☹
	⊙ 能簡要歸納聆聽的內容	☺	😐	☹
說	⊙ 能說出文章中包含哪些品格，並了解品格內涵	☺	😐	☹
	⊙ 能討論閱讀的內容，分享閱讀的心得	☺	😐	☹
讀	⊙ 能流暢的朗讀出文章	☺	😐	☹
	⊙ 能讀出文章的抑揚頓挫與文章感情	☺	😐	☹
寫	⊙ 讀過後能記錄下想法與心得	☺	😐	☹
	⊙ 能在習寫過程中，正確的使用標點符號	☺	😐	☹
品格	⊙ 能在閱讀過程中，體會誠實的重要	☺	😐	☹
	⊙ 在生活中，能誠實處理任何事	☺	😐	☹

參考解答

一、報導包含的品格：誠實（不限於一個答案）

二、GPS（衛星導航）找新聞基本元素

Who（人、主角）：☑ 良心攤　☑ 瑞典人

What（事）　：☑ 說明誠信的重要性

When（時）　：☑ 商人交易過程　　☑ 執政者施政時

☑ 具體落實於日常生活中

Why（為什麼）：☑ 誠信可減少不必要的額外算計成本，並提升品質

How（方式）：☑ 誠信是具體切身的生活方式

本篇報導的文體是（論說）文

三、佳言美句 PDA

誠信、清廉，並不是虛幻的倫理價值，而是具體切身的生活方式。

四、品格搜查隊

（請小朋友依實際情況圈選）

蘋果：考卷上老師沒改到的錯誤，我會主動跟老師說。

番茄：不小心打破玻璃我會勇於承認。

檸檬：不小心將同學的文具用品帶回家，我能主動告知同學。

五、文章放大鏡

小訣竅 1：

我還知道……

◇ 顏色過於鮮豔的水果

◇ 可能加了許多果蠟或農藥

小訣竅 2：

我還知道……

◇ 保存期限過於長久的食品

◇ 可能添加過量防腐劑

六、品格溫度計

視情況作答

六大品格

___年___班___號　姓名：_____

品格文章

說實話可省麻煩

國語日報／5版少年文藝／民國九十五年十二月六日

◎楊國明

　　問他為什麼不一開始就說實話，他說，原來還抱著一絲希望，因為怕被責罵，怕我們難過、生氣……

　　兒子跟我借了一件襯衫，因為迎新隔宿露營表演要用。活動結束後的下個星期五跟他通電話，要他記得週末回家把襯衫帶回來洗。他卻說：「不用了，我想留下來穿，好不好？」

　　本來以為他終於知道愛漂亮，不想一天到晚像讀體育系一樣，穿著運動衣褲上學，再加上我穿的是 M 號，兒子穿起來可能緊了些，所以我們兩老就興高采烈的利用百貨公司打折的機會，當天晚上立刻去幫他買了幾件類似的襯衫。

　　週末回來，兒子「忘了」帶回我的襯衫。週日晚送他回宿舍，要他上去把襯衫拿下來，原本在車上跟我們說襯衫還沒晾乾的兒子，又改口說襯衫在某個學長那裡。

（下頁續）

　　星期一兒子傳來簡訊，終於承認，學長要他去系學會的倉庫找找看，他滿頭大汗翻箱倒櫃找了半天，還是無法找到那件襯衫。

　　問他為什麼不一開始就說實話，他說，原來還抱著一絲希望，因為怕被責罵，怕我們難過、生氣，所以就乾脆說他自己想穿，「可以省去很多麻煩」。

　　他也明白，如果一開始就跟我說：「爸爸，對不起，襯衫可能搞丟了，我會再努力找找看。」那反而才可以真的省去很多麻煩，包括他自己都覺得懊惱的那一些圓謊的藉口，以及那被自己破壞，差點「挽救不了的信任」。

　　是啊，原本一開始就可以用一句實話來輕易解決的事，往往都因為不經意的一個小謊給越弄越複雜了。記住：打從開始就說實話，真的可以省卻很多麻煩和力氣（If does save a lot of trouble and effort to tell the truth in the very beginning.）。

　　小朋友，這篇報導包含哪些品格，請分別用不同的顏色塗滿，並在文章中出現品格的文字部分畫線！

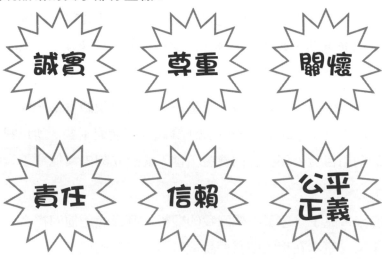

GPS（衛星導航）找文章大意

🔍 請找出文章大意，並依序填上 1 ～ 8。

（　）作者的兒子向他借襯衫，因為迎新隔宿露營要用。

（　）兒子又改口說襯衫借給某位學長。

（　）作者兒子一開始不說實話，以為「可以省去很多麻煩」。

（　）兒子終於傳簡訊承認，他無法找到那件襯衫。

（　）作者以為兒子愛漂亮，興高采烈跑去百貨公司買了幾件襯衫。

（　）作者兒子也明白說實話才真能省去麻煩，說謊容易失去別人對你的信任。

（　）活動結束後，作者提醒兒子記得帶襯衫回家清洗，兒子表示希望多借幾天。

（　）一句實話可輕易解決的事情，往往都因為不經意的一個小謊給越弄越複雜。「打從開始就說實話，真的可以省卻很多麻煩和力氣」。

重組完大意後，聰明的你發現了嗎？這篇文章的文體是：（　　　　　）文

佳言美句 PDA

🔍 請找出文章中的成語或是好句子，把它記錄下來。

_____

_____

_____

_____

_____

品格搜查隊

 小朋友，你認為下面幾個故事的主角應該如何做才正確？請寫下來！

故事一：白賊七

台灣民間故事當中有一個專門欺騙人的高手，因在家排行第七，所以大家在背後叫他為「白賊七」。

他曾欺騙某人說他家失火，並且拿著那人家中的物件做為失火證據，致使那人著急地趕回家。他也曾欺騙某人說自己身上穿的是不怕寒冷的衣服，誘使那人購買。後來那人則因穿了此衣而受寒。

最後村裡沒人願意再相信他說的話。有一天他家失火了，白賊七著急的求救著……

---

1. 假如你是白賊七的鄰居，你會相信白賊七的求救嗎？□會　□不會

2. 你覺得白賊七常常說謊，可能為自己帶來怎樣的後果？_____

3. 如果換你當故事中的「白賊七」，你會和他一樣說謊嗎？□會　□不會

　為什麼？_____

故事二：放羊的孩子

有一個牧羊的孩子，在村莊附近看守一群羊，他常常沒事喜歡撒謊著：「狼來了！」使村裡的人奔跑出來好幾次；等他的鄰人們來幫助他的時候，他卻笑他們上當了。

後來，真的狼來了。牧羊的孩子害怕的叫喊道：「這次狼真的來了」……

1. 假如你是村裡的人，你還會相信牧羊孩子的話嗎？□會　□不會

　為什麼？＿＿＿＿＿＿＿＿＿＿＿＿＿＿＿＿＿＿＿＿＿＿＿＿＿＿＿＿

2. 你覺得故事的結局會是什麼？＿＿＿＿＿＿＿＿＿＿＿＿＿＿＿＿＿＿＿

3. 如果換你當故事中的「牧羊的孩子」，你會和他一樣說謊嗎？

　□會　□不會

　為什麼？＿＿＿＿＿＿＿＿＿＿＿＿＿＿＿＿＿＿＿＿＿＿＿＿＿＿＿＿

故事三：小木偶奇遇記

　　在一個小鎮上，有一位鞋匠老伯伯用木頭做了一個可愛的小木偶男孩。在仙女的幫助下，他變成了一個可自由活動的木偶娃娃。

　　小木偶認為做錯事情時，說實話很丟臉，所以喜歡說謊。但是每次說謊時他的鼻子就會越變越長……

1. 你認為是什麼原因讓小木偶的鼻子越變越長？＿＿＿＿＿＿＿＿＿＿＿＿

2.「小木偶認為做錯事情時，說實話很丟臉」，這個想法對嗎？

　□對　□不對

　為什麼？＿＿＿＿＿＿＿＿＿＿＿＿＿＿＿＿＿＿＿＿＿＿＿＿＿＿＿＿

3. 如果換你當故事中的「小木偶」，你會和他一樣說謊嗎？□會　□不會

　為什麼？＿＿＿＿＿＿＿＿＿＿＿＿＿＿＿＿＿＿＿＿＿＿＿＿＿＿＿＿

品格一線牽

 下列名人中何者是「誠實」品格的代表人物，請打勾。

中華民國　朱銘 　　朱銘從小就不喜愛讀書，母親只好送他去學雕刻、藝術。當朱銘知道母親的苦衷之後，便更發憤向上，努力向師傅李金川學習雕刻。在他十九歲的時候，就成了雕刻工藝品的大師。	
美國　喬治・華盛頓 　　美國首任總統華盛頓年幼時非常喜歡爸爸送給他的一把小斧頭。一天，他走進家中的庭院，看見一棵小樹，他想試試這把小斧頭，結果就用這把小斧頭砍倒那棵小樹了。 　　當華盛頓的爸爸發現小樹被砍倒後，既傷心又憤怒，華盛頓出人意料地對爸爸坦承事實。	
孟加拉　尤努斯 　　有「窮人的銀行家」之稱的孟加拉經濟學者尤努斯，和他創立的鄉村銀行，讓數百萬人脫離貧窮，榮獲諾貝爾和平獎。 　　尤努斯發明微額貸款（microcredit）的概念，並於一九七六年創立專門協助窮人的新型銀行，供他們創業，幫助了許多人。	

品格名言

◇「誠實為上策」（Honesty is the best policy.）（富蘭克林）

◇「撒謊所受的懲罰，不僅是別人不相信你，而是你也無法信任別人。」
　（英國劇作家　蕭伯納）

◇「承認過往的錯事，絕非可恥之事。至少是意味著你比昨日聰明了一點。」
　（英國作家　斯威夫特）

◇【換你寫寫看】誠實就是＿＿＿＿＿＿＿＿＿＿＿＿＿＿＿＿＿＿＿

品格溫度計

親愛的小朋友，日常生活中你是位努力誠實的小
尖兵嗎？想想自己努力的程度，畫在品格溫度計
上，並想一想怎樣做會更棒！

很好

普通

加油

 學習成效檢核表

請依照自己的學習成效用色筆在不同的表情上塗畫顏色。

	學習目標	經常做到	有時做到	很少做到
聽	⊙ 能概略聽出朗讀時優美的節奏	☺	😐	☹
	⊙ 能簡要歸納聆聽的內容	☺	😐	☹
說	⊙ 能說出文章中包含哪些品格，並了解品格內涵	☺	😐	☹
	⊙ 能討論閱讀的內容，分享閱讀的心得	☺	😐	☹
讀	⊙ 能流暢的朗讀出文章	☺	😐	☹
	⊙ 能讀出文章的抑揚頓挫與文章感情	☺	😐	☹
	⊙ 能分辨本文為記敘文	☺	😐	☹
寫	⊙ 讀過後能記錄下想法與心得	☺	😐	☹
	⊙ 能在習寫過程中，正確的使用標點符號	☺	😐	☹
	⊙ 能學習觀察簡單的圖畫和事物，練習寫成一段文字	☹	😐	☹
	⊙ 能發揮想像力，嘗試創作	☹	😐	☹
品格	⊙ 能在閱讀過程中，體會誠實的重要	☺	😐	☹
	⊙ 在生活中，能誠實面對任何事	☺	😐	☹

參考解答

一、文章包含的品格：誠實（不限於一個答案）

二、**GPS（衛星導航）找文章大意**：2、5、1、6、4、7、3、8

　　本篇文章的文體是：（記敘）文

三、**佳言美句 PDA**

　　記住：打從開始就說實話，真的可以省卻很多麻煩和力氣（If does save a lot of trouble and effort to tell the truth in the very beginning.）。

四、**品格搜查隊**

　　故事一：白賊七

　　1.☑ 不會

　　2.以後沒有任何人會相信他。

　　3.☑ 不會　因為說謊要承擔更糟的後果，就像白賊七一樣。

　　故事二：放羊的孩子

　　1.☑ 不會　因為村人已經被騙好多次了，所以不願意再相信他了。

　　2.所有的羊都被大野狼吃光。

　　3.☑ 不會　這樣反而會讓自己的信用破產。

　　故事三：小木偶奇遇記

　　1.說謊的代價。

　　2.☑ 不對　因為即使做錯事，只要勇敢承認並改過，一樣還是好孩子。

　　3.☑ 不會　因為說謊話只會讓自己變得更糟糕。

五、**品格一線牽**：美國　喬治‧華盛頓 ☑

六、**品格名言**：誠實就是任何時候都不說謊話、不欺騙人。

七、**品格溫度計**

　　視情況作答

六大品格

___年___班___號 姓名：_____

品格新聞

經濟崛起　人權遭漠視
印度 4500 萬童工被奴役

國語日報／3 版生活／民國九十六年一月六日
◎黃正勇／報導

　　雖然有經濟學家預測，今年印度將取代中國，成為全球經濟成長最快速的國家，但在經濟迅速成長的背後，有許多窮苦人家的孩子因為家裡欠債，被抵押給債主充當契約勞工，每天必須工作十四個小時以上，直到還清債務為止，過著有如奴隸般的生活。

　　根據印度官方統計，全印度不滿十四歲的兒童中，有超過一千六百萬人為了生活淪為遭到剝削的童工。但另一項由世界銀行所做的統計則指出，印度的童工至少超過四千五百萬，為全球最大的童工僱用國。為了拯救這些可憐的兒童，印度政府在去年十月頒布了一個法令，全面禁止當地的一般家庭、路邊小吃店、旅館僱用未滿十四歲的童工。

　　對於這個法令的通過，「人權觀察」（Human Rights Watch）組織表示肯定，但也希望這項法令能夠切實執行。該組織在一九九六到二○○三年間，曾經對印度童工的問題進行調查，發現貧富差距懸殊和城鄉發展不平衡，是

（下頁續）

造成童工的根本原因；如果這些問題不能解決，童工遭到剝削、虐待的情形就無法改善。他們也發現，由於多數主管勞工問題的印度官員無法切實執行政府的法令，也是造成雇主得以非法僱用童工從事危險性工作的主因。

另外，聯合國兒童基金會則認為，這項法案的訂定對於減緩印度童工現象是必須的，卻不能保證孩童可以在父母呵護下成長、求學，更不能保證這些孩童能免於飢餓、受虐與歧視。換句話說，禁止童工的法案雖然立意良善，但如果不從根本改善社會福利制度，拉近貧富差距，對於解決童工問題恐怕只會流於形式。

 小朋友，這篇報導包含哪些品格，請分別用不同的顏色塗滿，並在文章中出現品格的文字部分畫線！

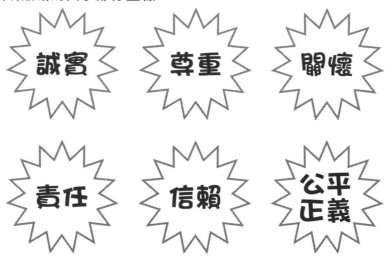

誠實　　尊重　　關懷

責任　　信賴　　公平正義

GPS（衛星導航）
找新聞基本元素

請找出報導中的 5W1H。

1. （　）請問本篇是關於哪一族群的新聞？

❶兒童　　　❷老人　　　❸婦女　　　❹壯漢

2. （　）本篇在談論什麼事件？

❶婚喪喜慶　　❷性別歧視　　❸宗教信仰　　❹人權漠視

3. （　）報導內容談論的年代為？

❶冰河時期　　　　　　❷遠古時代

❸現代二十一世紀　　　❹未來二十二世紀

4. （　）請問本篇是哪一國的相關報導？

❶澳洲　　　❷美國　　　❸非洲　　　❹印度

5. （　）為什麼印度會有童工出現？

❶小孩出生率太高　　　　　　❷按照法律規定

❸貧富差距懸殊和城鄉發展不平衡　❹傳統習俗造成

6. （　）請問如何解決印度嚴重的童工問題？

❶減少小孩出生率

❷改善社會福利制度，拉近貧富差距

❸請求高度文明國家介入

❹想辦法讓小孩移民出國

請問本篇報導的文體是：（　　　　　）文

佳言美句 PDA

請找出報導中的成語或是好句子，把它記錄下來。

品格搜查隊

下面是「黑射會」社區，這棟社區住了非常多名人。聰明的小朋友，請你判斷這些名人的日常生活表現，符合「尊重」行為的在右邊框框中打「○」，不符合「尊重」行為的打「×」。

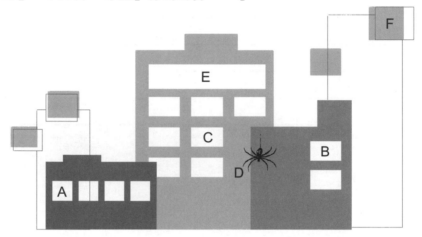

A 住戶	住在 2 樓的孫豔資	隔天要參加 KTV 大賽，練歌練到半夜兩點，音樂開到最大聲，響徹雲霄。	
B 住戶	住在 3 樓的宋會瞧	搭乘電梯時，會禮讓長輩先進去。	
C 住戶	住在 4 樓的羅治詳	垃圾放在家門口好幾天，堆積如山，惡臭沖天。	
D 住戶	遊走於整棟大樓上的蜘蛛人	常在大樓牆壁上爬行，以偷窺每棟住戶的生活為興趣。	
E 住戶	住在 6 樓楊誠淋	溜狗時，會將狗狗的大小便裝到塑膠袋裡，並用衛生紙將地面擦乾淨。	
F 住戶	住在 8 樓 yoyoman	常躲在樓梯間偷吃科學麵，邊吃邊掉滿地，還裝做沒看見。	

品格一線牽

 下列名人中何者是「尊重」品格的代表人物，請打勾。

宮崎駿～螢火蟲之墓

　　二次大戰末，美軍對日本展開猛烈的轟炸。誠田與節子的家被燒毀，母親身亡，兄妹選擇無人的防空洞作為新家。一日誠田返家時，竟發現節子昏倒在地上！誠田帶她去看病，可是戰時無藥。他決定將全部的錢拿出來，給節子吃好東西。回到家，竟發現節子就此闔上雙眼了。

宮崎駿～魔法公主

　　阿席達卡在保衛村莊時被惡魔詛咒。在解除詛咒的旅途中，他發現惡魔本來是一個山豬神，在中了鐵彈之後才變為惡魔的。鐵彈須從大自然中開發木頭和鐵礦石才能製成，以致人類與森林中的獸神交惡。阿席達卡試圖調停這場戰爭，在這過程中，他認識了魔法公主「桑」。經過一連串冒險犯難後，他們懂得要尊重大自然，並使大地回復生機。

宮崎駿～大提琴手

　　高修是一位大提琴手，偶然間遇到貓咪要求他彈奏舒曼的「特洛美萊」、布穀鳥要跟他學 Do Re Mi、小狸要用小鼓來練愉快的「帕沙也嘉」。最後遇到一對老鼠母子，鼠媽媽請求高修治療瀕死的小老鼠，他才發現他的琴聲可以治療小動物。最後，在個人演奏會上，高修望著燦爛的夕陽，想到這段期間琴藝能進步，都是小動物們的功勞呀！

品格名言

◇「己所不欲，勿施於人。」（孔子）

◇「尊重事實，尊重證據。」（胡適）

◇「人們只會尊重那些懂得自重的人。」（巴爾扎克）

◇「我的生命對我來說充滿了意義，我身旁的這些生命一定也有相當重要的意義。如果我要別人尊重我的生命，那麼我也必須尊重其他的生命。」（史懷哲）

◇【換你寫寫看】尊重就是＿＿＿＿＿＿＿＿＿＿＿＿＿＿＿＿＿＿＿。

文章放大鏡

從世界聚焦台灣

親愛的小朋友，尊重人權是全球人共同努力的方向，其中兒童權利的保障更是重心。從這則報導中，我們也必須對自己國家的童工政策有所了解喔！看完「勞動基準法」後，請回答下列問題。

勞動基準法 民國91年12月25日修正

第四十四條	十五歲以上未滿十六歲之受僱從事工作者，為童工。
	童工不得從事繁重及危險性之工作。
第四十五條	雇主不得僱用未滿十五歲之人從事工作。但國民中學畢業或經主管機關認定其工作性質及環境無礙其身心健康者，不在此限。
	前項受僱之人，準用童工保護之規定。
第四十六條	未滿十六歲之人受僱從事工作者，雇主應置備其法定代理人同意書及其年齡證明文件。
第四十七條	童工每日之工作時間不得超過八小時，例假日不得工作。
第四十八條	童工不得於午後八時至翌晨六時之時間內工作。

看完「勞動基準法」後，請判斷下面敘述，正確的打「○」，錯誤的打「✕」。

1.（　　）童工每日的工作時間不得超過六小時。

2.（　　）童工是指十五歲以上，未滿十六歲受人僱用而從事工作的人。

3.（　　）童工可以在午後八時至翌晨六時之時間內工作。

4.（　　）雇主不得僱用未滿十五歲之人從事工作。

5.（　　）童工可以從事繁重及危險性之工作。

6.（　　）童工例假日也可以進行工作。

7.（　　）童工不得於午後八時至翌晨六時之時間內工作，這是「教育基本法」第四十八條的規定。

8.（　　）未滿十六歲之人受僱從事工作者，雇主應置備其法定代理人同意書及其年齡證明文件。

品格溫度計

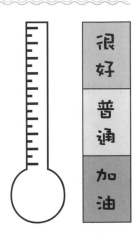

親愛的小朋友，日常生活中你是位努力誠實的小尖兵嗎？想想自己努力的程度，畫在品格溫度計上，並想一想怎樣做會更棒！

很好
普通
加油

學習成效檢核表

請依照自己的學習成效用色筆在不同的表情上塗畫顏色。

	學習目標	經常做到	有時做到	很少做到
聽	⊙ 能概略聽出朗讀時優美的節奏	☺	😐	☹
	⊙ 能簡要歸納聆聽的內容	☺	😐	☹
說	⊙ 能說出文章中包含哪些品格，並了解品格內涵	☺	😐	☹
	⊙ 能討論閱讀的內容，分享閱讀的心得	☺	😐	☹
讀	⊙ 能流暢的朗讀出文章	☺	😐	☹
	⊙ 能讀出文章的抑揚頓挫與文章感情	☺	😐	☹
	⊙ 能分辨本文為說明文	☺	😐	☹
寫	⊙ 讀過後能記錄下想法與心得	☺	😐	☹
	⊙ 能在習寫過程中，正確的使用標點符號	☺	😐	☹
品格	⊙ 能在閱讀過程中，體會尊重的重要	☺	😐	☹
	⊙ 在生活中，能時時注意尊重別人	☺	😐	☹

參考解答

一、報導包含的品格：尊重（不限於一個答案）

二、GPS（衛星導航）找新聞基本元素

1.❶　　2.❹　　3.❸　　4.❹　　5.❸　　6.❷

本篇報導的文體是：（說明）文

三、佳言美句 PDA

換句話說，禁止童工的法案雖然立意良善，但如果不從根本改善社會福利制度，拉近貧富差距，對於解決童工問題恐怕只會流於形式。

四、品格搜查隊：✕ ○ ✕ ✕ ○ ✕

五、品格一線牽：宮崎駿～魔法公主 ☑

六、品格名言：尊重就是為對方著想，也為自己著想。

七、文章放大鏡：從世界聚焦台灣

1.✕　　2.○　　3.✕　　4.○　　5.✕

6.✕　　7.✕　　8.○

八、品格溫度計

視情況作答

六大品格

___年___班___號　姓名：_____

品格文章

 聽的學問

國語日報／4版青春／民國九十五年六月七日

◎林容萱（台北市北一女中三年真班）

　　當我們安靜的閉上眼睛，是否覺得周遭一切都熱鬧了起來？

　　一直以來，我們都虧待了耳朵，因為它總是靜靜的在一旁等著，等到我們放下所有的負擔，才發覺「聽」的美好。

　　記得在那個酷寒的冬天，我為了追逐流星而上了大雪山。山路的兩旁一片死寂，等到走進森林，靜立著，煩躁的心漸漸被寒風冷凍。「唧唧—啾啾—」不久，鳥鳴聲傳入耳中，沒想到，在這樣惡劣的環境竟然還有許多不知名的鳥正高聲唱著「冬季戀歌」，當下，一股暖流注入心頭。原來，聽是如此的美好，為什麼我從來不曾注意過？

　　升上國中，我有更多機會做分組報告。我發現，大多數的爭執都是因為不夠了解對方的陳述而起。我們在聆聽的同時，往往有一半的心都在思考：待會兒我要怎麼反駁，而沒有全神貫注聽他人的說法，結果往往是雞同鴨講，浪費時間。

（下頁續）

記得電影「臥虎藏龍」中有一句話：「當你把手握緊，裡面什麼都沒有；把手放開，你擁有一切。」聆聽，不也是這樣嗎？當你拋開成見，你會擁有更豐富的人生。如果古代皇帝能夠傾聽大臣的建言，在通盤了解後做出明智的決定，歷史上會有這麼多悲劇產生嗎？如果父母和孩子都能夠坐下來，傾聽對方的想法，社會上會有這麼多親子問題嗎？現在的大企業很注意「溝通」能力，然而溝通的關鍵，在於能百分之百的專注傾聽。很多人以為自己很懂得聆聽，其實不然。如果你能夠在聽完對方陳述後，用簡短的話歸結重點，並且讓對方認可，這才是真正「聽」了進去，這樣的溝通也才會順暢。

聽在民主實踐也是很重要的。最近歐美流行「審議式民主」，希望藉由這種方法讓更多人參與公共政策。因為完全聽懂各方意見，才能做有結果的討論。

或許在這嘈雜的環境，我們無法聽到各種聲音，但是閉上眼睛，你會聽到來自四面八方的各種聲音，正敲著你的心門。

小朋友，這篇文章包含哪些品格？請分別用不同的顏色塗滿，並在文章中出現品格的文字部分畫線！

GPS（衛星導航）
找文章大意

❶ 安靜的閉上眼睛才發覺周遭熱鬧了起來。

❷ 走進死寂的森林中才發現鳥兒的鳴叫聲。

❸ 一直以來我們都只讓耳朵靜靜的等待。

❹ 在聽完對方陳述後，用簡短的話歸結重點，並讓對方認可，這才是真正「聽」了進去。

❺ 大多數的爭執都是因為不夠了解對方的陳述而起。

❻ 閉上眼睛，你會聽到來自四面八方的各種聲音。

❼「聽」在民主實踐也是很重要的。

❶～❼分別為各段的段落大意，請按照各段先後順序，將數字重新排列：

_____

重組完大意後，你發現了嗎？本篇文章的文體是：（　　　）文。

佳言美句 PDA

請找出文章中的成語或是好句子，把它記錄下來。

修辭下午茶

下面是範例文章中的句子，分別是哪種修辭法呢？請圈選出正確的一項。

1. 在這樣惡劣的環境竟然還有許多不知名的鳥兒正高聲唱著「冬季戀歌」。

（摹寫、設問、雙關、引用）

2. 如果父母和孩子都能夠坐下來，傾聽對方的想法，社會上會有這麼多親子問題嗎？

（摹寫、設問、雙關、引用）

3. 記得電影「臥虎藏龍」中有一句話：「當你把手握緊，裡面什麼都沒有；把手放開，你擁有一切。」

（摹寫、設問、雙關、引用）

品格搜查隊

 如果他們不尊重別人會有什麼結果呢？

人物／事件	不尊重別人的結果
❶ 馬路上的汽車不尊重行人	行人的感覺是： 可能發生的事：
❷ 上課時聊天說話，不專心	同學的感覺是： 可能發生的事：

品格一線牽

 下列名人中何者是「尊重」品格的代表人物，請打勾。

鐵杵磨針

　　唐朝的大詩人李白年輕時遊手好閒。有一天，他在街上閒逛，忽然看到一個老婆婆正拿著一枝鐵杵專心的磨著。李白好奇的問：「老婆婆，您磨這枝鐵杵有什麼用呢？」老婆婆信心十足的說：「我要把它磨成一根針！」李白大吃一驚：「不可能！您是在開玩笑吧！」老婆婆以堅定的口氣說：「只要工夫用得深，鐵杵也能磨成針！」李白聽了才發現自己從前的行為太荒唐了，於是發憤用功，成為中國歷史上有名的詩人。

三顧茅廬的劉備

　　東漢末年，劉備為了成就大業，得知諸葛亮是個傑出人才，便專程去拜訪。他前後一共去了三次，頭兩次諸葛亮避而不見，第三次才親自出迎，就在茅廬中和劉備共同探討時局，分析形勢，設計如何奪取政權統一天下的方略。劉備請他出山相助，重興漢室。諸葛亮深為劉備「三顧茅廬」的誠意所打動，答應了劉備的請求。

海倫．凱勒

　　海倫．凱勒出生才十五個月就患了重病，雖然保住了生命，卻眼瞎、耳聾、又不能說話。七歲時，蘇利文老師到家裡來教導她。在她耐心的教導下，海倫學會使用手指按在對方手心上說話的方法，以及讀「點字」書。

　　後來，海倫又跟佛拉女士學習說話，她用手指放在佛拉臉上和嘴裡，仔細研究舌頭、牙齒和嘴唇在說話時的動作。經過多年的努力，她進入了哈佛大學；畢業後，四處演講，奉獻了她的一生。

品格名言

◇ 尊重就是與別人相處有禮貌。

◇ 尊重別人就要仔細聆聽別人說話。

◇ 對父母親孝順不頂嘴也是尊重。

◇【換你寫寫看】尊重就是_____

文章放大鏡

以下是與「尊重」有關的成語，你知道它的意思嗎？連連看。

- 敬老尊賢
- 尊師重道
- 洗耳恭聽
- 彬彬有禮

- 尊敬師長，尊重其所傳之道。
- 尊敬年紀大的或品德高尚、才能出眾的人。
- 形容文雅有禮貌的樣子。
- 比喻專心恭敬的聆聽。

品格溫度計

 親愛的小朋友，活動接近尾聲，請檢核自己各項能力的實踐狀況。統計自己努力的程度，畫在品格溫度計上，並且想一想還可以怎樣做會更棒！

很好

普通

加油

 ## 學習成效檢核表

請依照自己的學習成效用色筆在不同的表情上塗畫顏色。

	學習目標	經常做到	有時做到	很少做到
聽	⊙ 能概略聽出朗讀時優美的節奏	☺	😐	☹
	⊙ 能簡要歸納聆聽的內容	☺	😐	☹
說	⊙ 能說出文章中包含哪些品格，並了解品格內涵	☺	😐	☹
	⊙ 能討論閱讀的內容，分享閱讀的心得	☺	😐	☹
	⊙ 能說出文章的主旨及大意	☺	😐	☹
讀	⊙ 能流暢的朗讀出文章	☺	😐	☹
	⊙ 能讀出文章的抑揚頓挫與文章感情	☺	😐	☹
	⊙ 能分辨本文為論說文	☺	😐	☹
寫	⊙ 讀過後能記錄下想法與心得	☺	😐	☹
	⊙ 能在習寫過程中，正確的使用標點符號	☺	😐	☹
	⊙ 能學習觀察簡單的圖畫和事物，練習寫一段文字	☺	😐	☹
	⊙ 能發揮想像力，嘗試創作	☺	😐	☹
品格	⊙ 能在閱讀過程中，體會尊重的重要	☺	😐	☹
	⊙ 在生活中，能時時注意尊重別人	☺	😐	☹

參考解答

一、文章包含的品格：尊重（不限於一個答案）

二、GPS（衛星導航）找文章大意：❶→❸→❷→❺→❹→❼→❻

本篇文章的文體是：（論說）文

三、佳言美句 PDA

1. 山路的兩旁一片死寂，等到走進森林，靜立著，煩躁的心漸漸被寒風冷凍。

2. 我們在聆聽的同時，往往有一半的心都在思考：待會兒我要怎麼反駁，而沒有全神貫注聽他人的說法，結果往往是雞同鴨講，浪費時間。

四、修辭下午茶：1.（雙關）2.（設問）3.（引用）

五、品格搜查隊

❶馬路上的汽車不尊重行人。

行人的感覺是：生氣，覺得過馬路很危險。

可能發生的事：可能發生車禍，或引起爭吵。

❷上課時聊天說話，不專心。

同學的感覺是：好吵哦，都聽不清楚老師說的話了。

可能發生的事：老師上課的內容聽不清楚，或作業習題不會做。

六、品格一線牽：三顧茅廬的劉備 ☑

七、品格名言：尊重就是專心聽別人說話。

尊重就是「己所不欲，勿施於人」。

八、文章放大鏡

敬老尊賢——尊敬年紀大的或品德高尚、才能出眾的人。

尊師重道——尊敬師長，尊重其所傳之道。

洗耳恭聽——比喻專心恭敬的聆聽。

彬彬有禮——形容文雅有禮貌的樣子。

九、品格溫度計

視情況作答

六大品格

____年____班____號　姓名：_____

品格新聞

 募糖果到非洲　林宏濬用愛圓夢

國語日報／14版好 Young 人物／民國九十六年一月一日

◎陳康宜、張彩鳳／報導

　　臉上隨時掛著笑容的林宏濬，目前是彰化國中音樂班一年級的新鮮人，樂於助人的他，在小學畢業前夕，實現了「募糖果到非洲」的夢想，由於他的呼籲，引發社會各界熱烈的迴響，讓他的愛心無限擴大。

　　從小學習吉他、豎笛和鋼琴等多項樂器的林宏濬，在小學畢業前夕就已經考上彰化國中音樂班，當時，他在彰化國中的公布欄上看到學長沒錢吃午餐的訊息，興起到彰化火車站義演募款的念頭。於是，他召集平日一起學習音樂的夥伴一同前往，結果募得兩萬兩千元，幫助沒錢吃午餐的學生。

　　這樣的善行受到媒體的關注，林宏濬受訪時進一步提到一個長久以來的助人願望——「募糖果到非洲」，新聞披露後，彰化縣長卓伯源覺得這個構想很有意義，指示教育局發起全縣學童一人捐一顆糖，匯聚了一股難得的愛心與力量。卓伯源說，林宏濬願意發起捐糖果的活動，他聽了之後很感動，說明教育除了要教導書本的知識外，還有為人處世的道理。

　　林宏濬說，他會發起這樣的活動，是因為閱讀了連加恩寫的《愛呆西非連加恩》一書，書中描述非洲的小孩只聽過糖果，卻沒吃過糖果。因此，他

（下頁續）

希望募集二十萬顆糖果送到非洲，沒想到，這樣的想法真的能實現，不到兩週，各界捐贈的糖果就從四面八方湧入。

各界的愛心讓林宏濬驚訝不已，為了包裝這些糖果，還動員認識的親朋好友、展望會志工等，才順利的將二十萬顆糖果送到非洲辛巴威。林宏濬說：「第一次體會到夢想實現的驚喜與快樂。」

除了協助搬運、包裝糖果外，林宏濬也參與饑餓體驗活動，體會非洲兒童餓肚子的經驗，同時捐出三萬五千七百元，幫助世界飢童。

其實，林宏濬原本就是個內心充滿愛與關懷的孩子，早在小學三年級時，他就曾經在中興大學，看見第十四屆饑餓三十營會活動，得知饑餓三十是幫助許多沒有東西吃的小朋友後，他當場掏出三百元獎學金，購買饑餓三十代言人范植偉造訪非洲的攝影專書，林宏濬說，當時他內心就有募集糖果的想法，只是沒說出來。

小朋友，這篇報導包含哪些品格，請分別用不同的顏色塗滿，並在文章中出現品格的文字部分畫線！

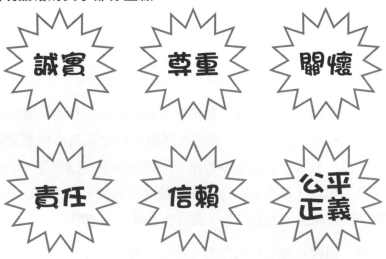

GPS（衛星導航）找新聞基本元素

請圈出報導中的 5W1H。

Who（人）　　（　　）❶朱序峰　　❷林宏濬　　❸張三豐

What（事）　　（　　）❶照顧蝙蝠　❷募糖果到非洲　❸照顧植物

When（時）　　（　　）❶未來　　❷古代　　❸現代

Where（地）　（　　）❶屏東　　❷彰化　　❸台北

Why（為什麼）（　　）❶想幫助人的夢想　❷出風頭　　❸湊熱鬧

How（如何）　（　　）❶夢想成空　❷更多人來湊熱鬧　❸實現幫助人的夢想

請問本篇報導的文體是：（　　　　　）文

佳言美句 PDA

請找出報導中的成語或是好句子，把它記錄下來。

_____

_____

_____

_____

_____

品格搜查隊

◇ 林宏濬在小學畢業前夕，完成了（　　　　　　　　）的夢想，也引發
　社會迴響，讓愛心無限擴大。

◇ 他在彰化國中公布欄看到（　　　　　　　　）的訊息，興起他發起
　什麼行動？（　　　　　　　　　）

◇ 林宏濬會有發起募糖果到非洲的活動，是閱讀了哪一本書而引發他這個想
　法？（　　　　　　　　）

◇ 他是和什麼人？共同用了哪些方法？去完成「募糖果到非洲」關懷別人的
　夢想。（　　　　　　　　　　　　　　　　　　　）

換做是你……

看到周遭的人需要別人關懷時，你會＿＿＿＿＿＿＿＿＿＿＿＿＿＿＿＿＿＿

＿＿＿＿＿＿＿＿＿＿＿＿＿＿＿＿＿＿＿＿＿＿＿＿＿＿＿＿＿＿＿＿＿＿＿＿

生活中的關懷……

◇ 家人生病時，能提醒家人按時吃藥。

◇ 家人心情不好時，能聽聽他的心聲，並且能給予安慰的關懷。

◇ 朋友遇到難過的事，能安慰他並且依自己能力給予協助。

◇ 同學不小心受傷了，能協助他到保健室檢查。

◇【換你寫寫看】關懷就是＿＿＿＿＿＿＿＿＿＿＿＿＿＿＿＿＿＿＿＿＿＿＿

品格一線牽

下列名人何者是具備「關懷」品格的人物，請打勾（可複選）。

窮人的母親～德蕾莎修女

　　德蕾莎修女與其他修女、醫生、護士及義工們無畏痲瘋病的高度傳染力，在簡陋的醫療設備下，用心的照顧這些病人，讓他們重新感受人性的溫暖，重拾人類的尊嚴。即使因病重無法救治，在臨終前，德蕾莎修女總會將他們抱在懷裡，像個慈母一樣，呵護著他們。

抗疫英雄～陳靜秋

　　民國八十九年 SARS 事件，她積極努力收集許多相關資料，計畫、安排各種防護流程，奔走於同事與病患之間。若有同事或病患忘了戴口罩，她會親自為其戴上；處理每一項業務，她更是身先士卒，日以繼夜不眠不休，克盡天職照顧住院病患，奮抗 SARS。但在救治患者的過程中，她受到了感染，不幸，因為呼吸衰竭導致休克病逝，成為第一位為抗「煞」而犧牲的護理人員。

日治時代的蔣渭水

　　台灣日治時代的民族運動領導者蔣渭水先生，身為醫生卻時時憂國，為日本統治下的台灣開出了「智識營養不良症」診斷書，掀起台灣首次大規模的文化啟蒙運動，日後曾被日人經營的報紙稱為「台灣人之救主」。這是他從事民族運動的過程，同時也開啟了精神理想的年代。

品格名言

◇ 只要用點心，生活處處見溫馨。

◇ 關懷是一條河流，只要開始流動，就不會止息。

◇【換你寫寫看】關懷就是＿＿＿＿＿＿＿＿＿＿＿＿＿＿＿＿＿＿＿＿

文章放大鏡

　　「飢餓三十」的原義來自於聖經中禁食禱告的精神，透過飢餓體驗，基督徒除了感同身受貧困飢餓者的困苦，更能藉著與上帝的連結、代禱的大能，祝福遠方及身邊苦難者，能夠「被擄的得釋放、被囚的出監牢、飢餓的得飽足、飄流的得安息、赤身的得遮蔽」。

 你自己對「飢餓三十」的相關訊息，還有哪些認識？

品格溫度計

親愛的小朋友，日常生活中你是位努力誠實的小尖兵嗎？想想自己努力的程度，畫在品格溫度計上，並想一想怎樣做會更棒！

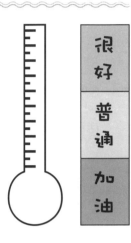

很好

普通

加油

學習成效檢核表

請依照自己的學習成效用色筆在不同的表情上塗畫顏色。

	學習目標	經常做到	有時做到	很少做到
聽	⊙ 能簡要歸納聆聽的內容	☺	😐	☹
說	⊙ 能說出報導包含的品格及其內涵	☺	😐	☹
	⊙ 能討論報導的內容，並分享讀後心得	☺	😐	☹
讀	⊙ 能流暢的朗讀出此篇報導	☺	😐	☹
寫	⊙ 能記錄下自己的感想與意見	☺	😐	☹
品格	⊙ 能在閱讀過程中，體會關懷的重要	☺	😐	☹
	⊙ 生活中能體認並實踐關懷	☺	😐	☹

參考解答

一、報導包含的品格：關懷（不限於一個答案）

二、GPS（衛星導航）找新聞基本元素：❷、❷、❸、❷、❶、❸

三、佳言美句 PDA

1. 發起全縣學童一人捐一顆糖，匯聚了一股難得的愛心與力量。

2. 樂於助人的他，在小學畢業前夕，實現了「募糖果到非洲」的夢想，由於他的呼籲，引發社會各界熱烈的迴響，讓他的愛心無限擴大。

四、品格搜查隊

◇ 林宏潘在小學畢業前夕，完成了（募糖果到非洲）的夢想，也引發社會迴響，讓愛心無限擴大。

◇ 他在彰化國中公布欄看到（學長沒錢吃午餐）的訊息，興起他發起什麼行動？（到車站音樂義演募款，幫助沒錢吃午餐的學生。）

◇ 林宏潘會有發起募糖果到非洲的活動，是閱讀了哪一本書而引發他這個想法？（愛呆西非連加恩。）

◇ 他是和什麼人？共同用了哪些方法？去完成「募糖果到非洲」關懷別人的夢想。（縣長和教育局覺得是有意義的活動，一起響應後，很快從四面八方湧入糖果，親朋好友、展望會義工一起協助包裝糖果，完成送到非洲的夢想。）

（一）換做是你……

看到周遭的人需要別人關懷時，你會幫助他，盡自己所能的幫助他。

（二）生活中的關懷……

關懷就是家人生病時，我能提醒家人多喝水。

關懷就是天氣冷時，能提醒家人添加衣服。

五、品格一線牽：窮人的母親：德蕾莎修女 ☑；抗疫英雄：陳靜秋 ☑。

六、品格名言：關懷就是對別人的關心、以一顆善良的心主動幫助別人。

七、文章放大鏡：幫助沒有飯吃的小朋友。

八、品格溫度計

視情況作答

六大品格

___年___班___號　姓名：_____

品格文章 ✳ ✳ ✳ ✳ ✳

 帶著愛飛翔

國語日報／10版兒童園地／民國九十五年十二月十九日
◎朱序峰（屏東縣屏教大實小六年丁班）

　　同學都知道我很喜歡小動物和小昆蟲，所以，時常和我分享經驗。有一個同學曾經對我說：「喂！我救活了一隻蝙蝠，很厲害吧！」我想知道他為什麼會救了一隻蝙蝠，於是詳細追問他。

　　這個同學說：「當時，我在寫功課，突然聽見窗戶傳來猛烈的撞擊聲，接著看見一小團黑色的東西從窗戶墜落。」

　　他吞了吞口水繼續說：「我嚇了一跳，趕緊跑到樓下去，發現地上有一隻小蝙蝠在抖動，翅膀上沾有血跡。我連忙把小蝙蝠輕輕捧在手心，小心翼翼的查看牠的傷勢。」

　　從那天傍晚起，這個同學就細心照顧這隻受傷的小蝙蝠。他曾經嘗試請家人幫忙，家人卻不高興的說：「是你自己把牠捧進屋子裡的，就得自己照顧牠。」這個充滿愛心的同學，在遭到家人嚴厲的拒絕以後，決定獨自照顧小蝙蝠。

（下頁續）

　　這個同學擔心不了解照顧小蝙蝠的方法，反而會害死牠。於是，他上網找了很多資料，也請教學校自然老師。他每天花很多的時間尋找小蟲子來餵養小蝙蝠，還經常幫牠擦藥。他很有耐心的付出，希望小蝙蝠能再度恢復健康。

　　過了一段時間以後，小蝙蝠終於能飛了。這個同學一直堅信小蝙蝠會康復，而這一天終於到來了。他告訴我：「當我看見小蝙蝠越飛越遠，心情好複雜喔！我好高興牠又能飛了，卻又捨不得牠離開。」

　　我深有同感的點點頭。我相信動物都有靈性，小蝙蝠是帶著這個同學滿滿的愛離開的。

　　小朋友，這篇文章包含哪些品格，請分別用不同的顏色塗滿，並在文章中出現品格的文字部分畫線！

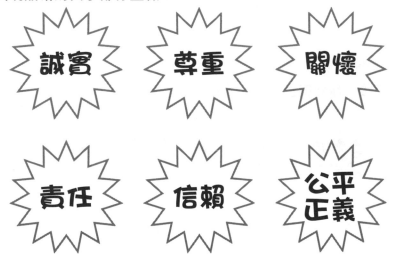

誠實　　尊重　　關懷

責任　　信賴　　公平正義

GPS（衛星導航）找文章大意

請找出文章大意，並依序填上 1～6。

（　）這位同學突然聽到窗戶被撞擊的聲音，並且有東西墜落，趕緊至樓下查看，發現有一隻蝙蝠受傷，趕緊查看牠的傷勢。

（　）一段時間後，小蝙蝠康復，看牠能飛了很高興，但飛離時又捨不得。

（　）從此開始細心照顧這隻受傷的蝙蝠，他曾請求家人協助照顧，但遭到家人拒絕而獨自照顧。

（　）同學知道我喜歡小動物，常和我分享經驗，有一位同學曾救活一隻蝙蝠。

（　）擔心不了解照顧蝙蝠的方法反而害死牠，於是上網找資料及請教老師如何照顧，希望蝙蝠能恢復健康。

（　）動物是有靈性的，牠帶著滿滿的愛離開的。

重組完大意後，你發現了嗎？本篇文章的文體是：（　　　　）文

佳言美句 PDA

請找出文章中的成語或是好句子，把它記錄下來。

_____

_____

_____

_____

_____

修辭下午茶

 下列文章中的句子是哪種修辭呢？請用線連起來。

❶ 喂！我救活了一隻
　 蝙蝠，很厲害吧！

示現法

❷ 突然聽見窗戶傳來
　 猛烈的撞擊聲，接
　 著看見一小團黑色
　 的東西從窗戶墜
　 落。

感嘆法

❸ 當我看見小蝙蝠越
　 飛越遠，心情好複
　 雜喔！

品格搜查隊

 碰到下面的情況你會怎麼處理呢？請寫下來！

狀況一：假如有一天，你也見到一隻「綠繡眼」受傷不能飛行，你會如何
處理？

---

1. 如果你跑掉了，綠繡眼可能發什麼事情？＿＿＿＿＿＿＿＿＿＿＿＿

2. 你想幫忙但又不了解如何照顧綠繡眼，你會怎麼做？＿＿＿＿＿＿

＿＿＿＿＿＿＿＿＿＿＿＿＿＿＿＿＿＿＿＿＿＿＿＿＿＿＿＿＿＿＿＿＿

3. 你的行為符合關懷嗎？＿＿＿＿＿＿＿＿＿＿＿＿＿＿＿＿＿＿＿＿＿

狀況二：假如「綠繡眼」被你照顧後恢復健康。

---

1. 你會怎麼做？＿＿＿＿＿＿＿＿＿＿＿＿＿＿＿＿＿＿＿＿＿＿＿＿

2. 你的行為符合關懷嗎？＿＿＿＿＿＿＿＿＿＿＿＿＿＿＿＿＿＿＿＿

狀況三：假如「綠繡眼」被你照顧後，情況越來越差，甚至死了。

---

1. 你會怎麼做？＿＿＿＿＿＿＿＿＿＿＿＿＿＿＿＿＿＿＿＿＿＿＿＿

2. 你的行為符合關懷嗎？＿＿＿＿＿＿＿＿＿＿＿＿＿＿＿＿＿＿＿＿

品格一線牽

 下列名人中何者是「關懷」品格的代表人物，請打勾。

楊煦、林鳳英夫婦

　　楊煦夫婦倆因扶養了一位親戚的聾啞女兒而開啟照顧原住民孤兒的生涯。初到六龜時，當地很落後，他們就住在浸信會教堂，附近很多窮困民眾或原住民的兒童時常跑到教會吃飯，無法繳費時，也常求助於楊煦夫婦。由於小孩實在太多了，楊煦夫婦購買了荖濃溪畔山坡地，帶著孤兒墾荒定居，房舍簡陋。他們並自己架設流籠渡河，後來鄉公所協助搭建吊橋，才解決通行的問題。　好人有好報，民國六十二年，時任行政院長的蔣故總統經國先生發現了這所育幼院，隨後五次造訪，頻頻指示有關單位改善院童的生活環境。楊煦自然也成為蔣故總統經國先生的民間友人之一。

卓然名家沈光文

　　沈光文在台灣提倡中華文化不遺餘力。他不僅積極提倡文教為先，而且身體力行。他給後世留下的著述有：《台灣輿圖考》一卷、《草本雜記》一卷、《流寓考》一卷、《台灣賦》一卷、《文開詩文集》三卷，後來由他的同鄉全祖望尋訪而刊刻出來。由於沈光文在台灣生活達三十多年，從荷蘭占領台灣到鄭成功收復台灣，以及鄭氏家族的盛衰情況，他都親眼目睹。以前也有人記述了這些歷史變遷過程，但由於戰火，許多都沒有保存下來。惟有沈光文不僅目睹，而且用文字記錄了下來，保存至今，為我們後人研究台灣歷史提供了真實而寶貴的資料。

慈濟功德會證嚴法師

　　一九六六年一個濟世團體的雛型——佛教克難慈濟功德會，就在證嚴法師與四位出家弟子和三十位信徒的願心下組織起來了。最初的作法是由四名弟子和兩位老人家，每人每天加工生產一雙四元的嬰兒鞋，一天增加二十四元，一個月平均多七百二十元；而三十位信徒，則是在不影響生活的情形下，每天節省五毛菜錢，以作為急難的救助金。這五毛錢，看似微薄，但實際上發揮的力量卻超乎想像，也締造了現今慈濟的慈善志業。

品格名言 ✳ ✳ ✳ ✳ ✳

◇ 關懷別人，別人也會關懷你。

◇ 能關心別人，被人關心的人，即是福中之福人。

◇〔換你寫寫看〕關懷就是＿＿＿＿＿＿＿＿＿＿＿＿＿＿＿。

文章放大鏡 🔍 ※ ❋ ※ ❋ ※ ❋

　　日常生活中，我們常會用「漂亮」、「美麗」、「英俊」等等語詞來形容自己的外表，可是用這樣的形容仍然無法讓人理解你的外表。用句子把你的外表充分描述出來，三言兩語的形容是不夠的，「示現法」就是用具體的事物描寫來代替空洞形容詞的方式。我們看看以下「示現」的句子：

◇ 她留著一頭烏溜溜的長髮，而且皮膚白皙，眼睛水汪汪的，動作優雅，說話溫柔婉約，所以是班上的班花。（把「美麗」示現）

◇ 公園裡花木繁多，紅花綠葉互相映襯，花木間又有鳥兒穿梭其間，並且合唱著快樂的歌曲，每逢假日就吸引數以百計的遊客。（把「公園的漂亮」示現）

🎀 **現在換你來練習一下：中午在學校吃午餐。**

　　示現寫法：_____

　　_____

　　_____

品格溫度計

 親愛的小朋友，活動接近尾聲，請檢核自己各項
能力的實踐狀況。統計自己努力的程度，畫在品
格溫度計上，並且想一想還可以怎樣做會更棒！

很好

普通

加油

學習成效檢核表

請依照自己的學習成效用色筆在不同的表情上塗畫顏色。

	學習目標	經常做到	有時做到	很少做到
聽	⊙ 能簡要歸納聆聽的內容	☺	😐	☹
說	⊙ 能說出文章的主旨及大意	☺	😐	☹
	⊙ 能討論文章的內容，並分享讀後心得	☺	😐	☹
讀	⊙ 能流暢的朗讀出此篇文章	☺	😐	☹
寫	⊙ 能記錄下自己的感想與意見	☺	😐	☹
品格	⊙ 能在閱讀過程中，體會關懷的重要	☺	😐	☹
	⊙ 生活中能體認並實踐關懷	☺	😐	☹

參考解答

一、文章包含的品格：關懷（不限於一個答案）

二、**GPS（衛星導航）找文章大意**：❷、❺、❸、❶、❹、❻。本篇文章的文體是：（記敘）文。

三、**佳言美句 PDA**

1. 突然聽見窗戶傳來猛烈的撞擊聲，接著看見一小團黑色的東西從窗戶墜落。

2. 當我看見小蝙蝠越飛越遠，心情好複雜喔！我好高興牠又能飛了，卻又捨不得牠離開。

3. 我相信動物都有靈性，小蝙蝠是帶著這個同學滿滿的愛離開的。

四、**修辭下午茶**：❶、❸感嘆法，❷示現法

五、**品格搜查隊**

狀況一：

1. ❶可能會死掉。　　❷被其他動物吃掉。

2. 請求獸醫醫療照顧或收集照顧的方法自己照顧。

3. 符合關懷行為。

狀況二：

1. ❶放牠走，讓牠重回大自然的懷抱。

❷放牠走，讓牠在天空自由飛翔。

2. 符合關懷行為。

狀況三：

1. ❶如果牠死了，我會把牠埋葬起來，不會亂丟。

　　❷我會先帶牠去給獸醫看，如果不幸死了，只好將牠埋在土裡。

2. 符合關懷行為。

六、品格一線牽：楊煦、林鳳英夫婦 ☑；慈濟功德會證嚴法師 ☑

七、文章放大鏡

1. 中午十二點不到，大家飢腸轆轆，聞到香噴噴的便當，不禁要流出口水；大家迫不及待的打開便當，狼吞虎嚥的吃著午餐。

2. 學校的午餐餐盒裡，有金黃色的甜不辣、翠綠色的炒青菜、白白嫩嫩的豆腐，還有一隻大大的炸雞腿，配上香噴噴的白飯，真是豐盛的午餐。

八、品格溫度計

視情況作答

六大品格

____年____班____號　姓名：_____

品格新聞

 ## 髒亂變清潔　環保小義工有一手

國語日報／16 版兒童新聞／民國九十五年十一月十三日

◎高修民／報導

　　「看誰撿的垃圾多？」昨天是環保義工日，小朋友擔任環保小義工，在分工合作下就像變魔法一樣，一下子把髒亂打掃乾淨！

　　十一月十二日是台灣的環保義工日，行政院環保署昨天帶領大小義工，到台北縣大同育幼院清掃環境。小朋友拿著掃帚、鐵夾，把地上和水溝裡的落葉、枯枝、塑膠袋和飲料罐清乾淨，看到垃圾桶裝得滿滿的，小朋友都很有成就感。

　　台北縣五華國小的林庭好第一次到戶外打掃，一開始覺得環境又臭又髒，甚至不敢用力呼吸，後來清理完後煥然一新，空氣也清爽許多。撿得滿頭大汗的碧華國小陳侑成則說，撿垃圾還可以順便運動，像是走路、彎腰、練習手腳並用，很健康。

　　台北縣厚德國小的謝侑辰努力清掃水溝，他說大家把垃圾丟到排水口，造成水溝淤積，他甚至還看到廢電池，而髒亂產生的蚊蟲，更會影響環境衛生。

（下頁續）

台北縣碧華國小的鄭惠宇發現，垃圾桶附近特別髒亂，原來很多人在桶子裝滿後，還拚命往裡面塞，結果垃圾全部都掉出來。

除了落葉外，碧華國小的鄭惠宇還細心的撿起許多廣告傳單、檳榔渣和菸蒂。她說，大家以為這些小垃圾隨手一丟沒關係，不過如果在爬山時也亂丟菸蒂，很可能會引發森林大火。

小朋友，這篇報導包含哪些品格，請分別用不同的顏色塗滿，並在文章中出現品格的文字部分畫線！

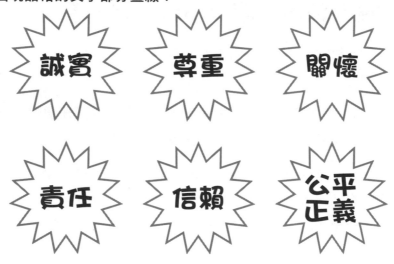

GPS（衛星導航）

找新聞基本元素

 請找出報導中的 5W1H。

1.（　　）請問本篇的環保小義工是指？

    ❶ 老師　　　　　❷ 小朋友　　　　❸ 校長　　　　❹ 主任

2.（　　）本篇在談論什麼事件？

    ❶ 政治問題　　　❷ 環境保護　　　❸ 民俗節日　　❹ 宗教活動

3.（　　）報導內容中所提到的「環保義工日」是：

    ❶ 十一月十二日 ❷ 十二月十一日 ❸ 一月十一日　❹ 一月十二日

4.（　　）請問本篇中報導，環保小義工們到哪裡清掃環境？

    ❶ 台北縣大同育幼院　　　　　　❷ 台北縣木柵動物園

    ❸ 桃園縣朝陽公園　　　　　　　❹ 桃園縣政府

5.（　　）為什麼小義工們能將環境清掃得很乾淨？

    ❶ 因為請爸爸和媽媽幫忙

    ❷ 因為不清掃乾淨會被老師罵

    ❸ 因為使用很多清潔劑

    ❹ 因為大家分工合作，地面、水溝全不放過

6.（　　）請問環保小義工們如何清掃環境？

    ❶ 拿著掃帚、鐵夾，把地面上和水溝裡的落葉、枯枝、塑膠袋和飲料罐清乾淨

    ❷ 用大量水柱沖刷地板

    ❸ 完全用雙手撿拾垃圾，沒有使用任何清掃用具

    ❹ 看到垃圾裝做沒看見

請問本篇報導的文體是：（　　　　）文

佳言美句 PDA

請找出文章中的成語或是好句子，把它記錄下來。

品格搜查隊

品格大富翁

有 💡 的題目都是不負責任的表現，請回答出正確「負責」的行為是什麼，加油喔！看誰最先走到終點，成為最有責任的「責任高手」！開始囉！（遊戲人數至少兩人以上；準備一顆骰子，可使用橡皮擦當棋子）

💡 上課鐘聲一響，我趕緊把握最後和同學說話的時間，等老師進教室再回到位子。→	恭喜你！得到老師香吻一個！	💡 文具、作業、餐盒沒帶回家／沒帶來學校，是爸媽沒提醒我，只要打電話叫爸媽送來學校就好了。	💡 和同學起衝突，都是對方的錯，我都沒有錯，他要先跟我道歉，不然絕不原諒他！ 終點
請上樓	💡 作業趕快寫一寫就可以玩了，管他字寫得好不好看，有沒有寫正確。只要爸媽、老師沒說要檢查，我就不用檢查，遊戲時間才重要！	💡 同學欺負我、對我大小聲，只要忍耐就沒事情了，不用跟老師和父母報告。 前進三格	💡 上課內容我都會了，我可以利用上課時間說話、畫畫、看故事書、和同學玩或是做其他的事情。←
💡 我只要做好自己的事情，同學有需要幫忙跟我沒關係，可以袖手旁觀！→	💡 垃圾不仔細分類，讓倒垃圾的同學花好多時間整理，反正又不是浪費我的時間！ 暫停一次	💡 打掃工作不認真，掃不乾淨沒關係，反正我不常待在那裡，趁機會跟同學玩才重要。	請上樓
請上樓	恭喜你！得到老師「愛的抱抱」！ 	💡 下課時間、戶外活動時間是最快樂的時候，我可以跑上跑下衝來衝去，不用管自己和別人的安全。	💡 座位的抽屜、椅子底下、桌墊下、置物櫃的東西，只要不被老師發現有垃圾就可以了。位子附近的垃圾不是離我最近，不關我的事！ ← 起點

品格一線牽

下列名人中何者是「責任」品格的代表人物，請打勾。

世界石油大王洛克斐勒 　　洛克斐勒是一位克勤克儉的人，除了積極開發市場，他也一直做到節省開支，雖然很多人在背後罵他是「吸血鬼」，但他始終抱著奮戰不懈的精神，逐步開發「石油王國」的領域。現在在美國的街上，還有一座五十三層的大樓，大樓前還立著他的雕像，用以紀念他。	
死守四行倉庫的謝晉元 　　繼民國二十六年七月七日盧溝橋戰起，八月十三日即展開了中日首場大型會戰──「淞滬會戰」。謝晉元團長帶領八百名英勇孤軍死守蘇州河畔的四行倉庫，掩護五十萬名中國軍隊撤退，上海保衛戰一役，徹底粉碎了日本「三月亡華」的迷夢。	
企業界的長跑健將王永慶 　　塑膠大王王永慶是一位家喻戶曉的大企業家。在台灣每人都聽過他的大名，甚至只要看到王永慶的名字就會聯想到財富，從小小的米店經營到現在台灣有名的台塑企業，就是靠著不服輸的毅力與努力而來的。	

品格名言

◇ 負責任，是給予自己行動的理由。

◇ 所有的責任，不論承擔與否，都是一種承擔。

◇ 人要為自己的事負責，別把自己的不幸歸咎於是別人造成的。

◇【換你寫寫看】責任就是_____

文章放大鏡

 請寫下各個職業中「負責」的行為

廚師

> 使用最新鮮的食材，用心料理每一道菜。

清潔員

軍人

演藝人員

建築師

學生

品格溫度計

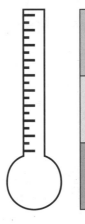

親愛的小朋友，日常生活中你是位努力誠實的小尖兵嗎？想想自己努力的程度，畫在品格溫度計上，並想一想怎樣做會更棒！

很好
普通
加油

學習成效檢核表

請依照自己的學習成效用色筆在不同的表情上塗畫顏色。

	學習目標	經常做到	有時做到	很少做到
聽	⊙ 能概略聽出朗讀時優美的節奏	☺	😐	☹
	⊙ 能簡要歸納聆聽的內容	☺	😐	☹
說	⊙ 能說出文章中包含哪些品格，並了解品格內涵	☺	😐	☹
	⊙ 能討論閱讀的內容，分享閱讀的心得	☺	😐	☹
讀	⊙ 能流暢的朗讀出文章	☺	😐	☹
	⊙ 能讀出文章的抑揚頓挫與文章感情	☺	😐	☹
寫	⊙ 讀過後能記錄下想法與心得	☺	😐	☹
	⊙ 能在習寫過程中，正確的使用標點符號	☺	😐	☹
品格	⊙ 能在閱讀過程中，體會責任的重要	☺	😐	☹
	⊙ 在生活中，能盡量負責做任何事	☺	😐	☹

參考解答

一、報導包含的品格：責任（不限於一個答案）

二、GPS（衛星導航）找新聞基本元素

1. ❷　2. ❷　3. ❶　4. ❶　5. ❹　6. ❶

本篇報導的文體是：（說明）文

三、佳言美句 PDA

小朋友擔任環保小義工，在分工合作下就像變魔法一樣，一下子把髒亂打掃乾淨！

四、品格搜查隊（略）

五、品格一線牽：死守四行倉庫的謝晉元 ☑

六、品格名言：責任就是對自己負責，做事有始有終。

七、文章放大鏡

清　潔　員——努力清潔環境，做好打掃。

軍　　　人——站在戰場前線，保障人民安全。

演藝人員——認真演奏樂器給每位觀眾欣賞。

建　築　師——蓋房子不偷工減料，每一個環節都講究。

學　　　生——用功讀書，努力完成父母或師長交待的事。

八、品格溫度計

視情況作答

六大品格

____年____班____號 姓名：_____

品格文章 ※ ※ ※ ※ ※

 曾經流浪

國語日報／10版兒童園地／民國九十五年十一月十八日

◎塗鈞湖（南投縣永康國小五年甲班）

在住家的街頭，常常會看見幾十隻狗，到垃圾桶旁找東西吃。牠們大都是被主人拋棄，或出生就無人飼養的狗。

我就是其中一隻流浪狗。我本來有一個心地善良的小主人，給我溫暖的家，每天都有美味的食物可以吃，不怕餓肚子；但是現在的我，又冷又餓，因為主人搬家的時候，忘了把我一起帶走，真讓我難過，我無處可去。

天氣越來越冷了，我的晚餐卻還沒有著落。就在此時，我突然看見路旁有一塊很大的肉，我奮不顧身的跑去，不知從哪兒卻冒出來一隻大野狗，大聲的怒吼：「快滾！這塊肉是我的，不走，就咬死你。」

我生氣的和牠纏打起來，由於牠是一隻大狗，我肚子餓得沒力氣，所以打輸了，那塊肉被牠搶走了。

我拖著受傷的身體，垂頭喪氣的向前跑，只為了不讓別的狗捉住。一路上，我心想，為什麼我會來到這個冷酷無情的世界？我討厭這裡的一草一木；為什麼人類總是這麼自私、不負責任呢？為什麼我的同類也……

（下頁續）

　　我感覺四周逐漸變得昏暗，也覺得無助，接著一陣昏眩。突然遠方傳來熟悉的聲音，當我慢慢睜開眼睛，一張熟悉的臉孔出現在我面前。啊！是我可愛的主人，原來他也找我很久了。他看見我傷痕累累的倒在血泊中，急忙帶我到獸醫院治療。

　　過了一星期，我終於又回到那個溫暖的家，不再擔心沒飯吃，也不再討厭這世界上的每一個人了，天天過著幸福、快樂的生活。

　　我現在雖然過得很好，還是希望大家要好好愛護動物，不要隨便丟棄我們，因為生命是寶貴的。

 小朋友，這篇文章包含哪些品格，請分別用不同的顏色塗滿，並在文章中出現品格的文字部分畫線！

GPS（衛星導航）
找文章大意

❶ 我拖著受傷的身體往前跑，只為不被抓住，我恨不負責任的人類。

❷ 因為主人搬家時，忘了把我帶走，於是我變成了一隻流浪狗。

❸ 當我一陣昏眩時，主人突然出現，並帶我去獸醫院療傷。

❹ 我又冷又餓，突然發現一塊大肉，沒想到一隻大野狗對我大聲怒吼。

❺ 過了一星期，我回到溫暖的家，天天過著幸福、快樂的生活。

❻ 在住家的街頭，常會看見許多被主人拋棄，或出生就無人飼養的狗。

❼ 我生氣的和牠纏打起來，但由於牠是大狗，我又餓，肉便被搶走了。

❽ 我現在過得很好，希望大家要好好愛護動物，不可以隨便丟棄。

❶～❽分別為各段的段落大意，請按照各段先後順序，將數字重新排列：

_____

重組完大意後，你發現了嗎？本篇文章的文體是：（　　　　）文

佳言美句 PDA

請找出文章中的成語或是好句子，把它記錄下來。

_____

_____

_____

_____

_____

_____

品格搜查隊 ✳ ✳ ✳ ✳ ✳

 如果他們不盡責就會變成……

人物／事件	不負責任可能發生的事情
人類棄養小狗	範例： 小狗會又冷又餓，也可能會發生意外。
消防隊員不理會通報事件	
警察執行公務時怠忽職守	
貨車司機酒醉駕車	

品格一線牽

 下列名人中何者是「責任」品格的代表人物，請打勾。

電話的發明人貝爾

　　貝爾，美國人，原本是一位表現優異的聾啞教師，常利用空閒時間進行研究發明。他想利用電訊的原理，將人的聲音傳到遠方，但在當時大家都視為不可能的事。某天他在進行試驗時，突然不小心打翻桌上的酸溶液，沒想到聲音卻因此傳播出來，從此之後，「會說話的機器」就誕生了，也就是現在日常生活中不可缺少的「電話」。

微生物之父巴斯德

　　法國人巴斯德在生物學上的許多研究，到現在仍受到重視與引用；他揭開「發酵之謎」，也發現了只要食物接觸到空氣中的細菌或塵埃，就很容易腐敗，為了證明此項理論，他還發明出「低溫殺菌法」，一直到現在還廣為大眾所使用。另一項偉大的貢獻是他發現了「疫苗」，並征服了「狂犬病」，這都是靠著他不怕困難、持之以恆的研究精神。

史學名家司馬遷

　　司馬遷，漢朝人，是中國古代的史學家和文學家。他撰寫的《史記》被認為是中國史書的典範，因此後世尊稱他為史遷、太史公。司馬遷的父親臨死前把自己著述歷史的理想留給他，之後司馬遷開始收集整理史料，開始寫作《史記》。李陵案件爆發，司馬遷因上書救李獲罪，次年下獄受「腐刑」，最後還是靠著過人的毅力完成《史記》。

品格名言

◇ 責任是有始有終，完成自己應該做的事。

◇ 責任是履行承諾，或是給予他人承諾。

◇ 三思而後行；當你做了一個決定，請盡快完成。

◇【換你寫寫看】責任就是＿＿＿＿＿＿＿＿＿＿＿＿＿＿＿＿＿＿＿＿＿

文章放大鏡

「狗」成語大全

 順著虛線連起來，就可以幫下面五隻流浪狗找到牠們的家囉！

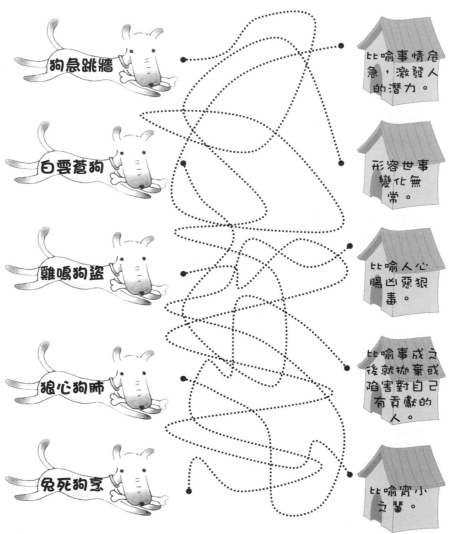

品格溫度計

 親愛的小朋友，活動接近尾聲，請檢核自己各項能力的實踐狀況。統計自己努力的程度，畫在品格溫度計上，並且想一想還可以怎樣做會更棒！

很好
普通
加油

學習成效檢核表

請依照自己的學習成效用色筆在不同的表情上塗畫顏色。

	學習目標	經常做到	有時做到	很少做到
聽	⊙ 能概略聽出朗讀時優美的節奏	☺	😐	☹
	⊙ 能簡要歸納聆聽的內容	☺	😐	☹
說	⊙ 能說出文章中包含哪些品格，並了解品格內涵	☺	😐	☹
	⊙ 能討論閱讀的內容，分享閱讀的心得	☺	😐	☹
讀	⊙ 能流暢的朗讀出文章	☺	😐	☹
	⊙ 能讀出文章的抑揚頓挫與文章感情	☺	😐	☹
	⊙ 能分辨本文為記敘文	☺	😐	☹
寫	⊙ 讀過後能記錄下想法與心得	☺	😐	☹
	⊙ 能在習寫過程中，正確的使用標點符號	☺	😐	☹
	⊙ 能學習觀察簡單的圖畫和事物，練習寫成一段文字	☺	😐	☹
	⊙ 能發揮想像力，嘗試創作	☺	😐	☹
品格	⊙ 能在閱讀過程中，體會責任的重要	☺	😐	☹
	⊙ 在生活中，能盡量負責做任何事	☺	😐	☹

參考解答

一、文章包含的品格：責任（不限於一個答案）

二、GPS（衛星導航）找文章大意：❻→❷→❹→❼→❶→❸→❺→❽。

本篇文章的文體是：（記敘）文

三、佳言美句 PDA

我感覺四周逐漸變得昏暗，也覺得無助，接著一陣昏眩。突然遠方傳來熟悉的聲音，當我慢慢睜開眼睛，一張熟悉的臉孔出現在我面前。

四、品格搜查隊

消防隊員不理會通報事件——火勢越來越大，造成傷亡人數增多。

警察執行公務時怠忽職守——犯罪比例增加，社會秩序大亂。

貨車司機酒醉駕車——會造成交通事故或釀成車禍。

五、品格一線牽：史學名家司馬遷 ☑

六、品格名言：責任就是自己做過的事情，不管結果如何都要自己承擔。

七、文章放大鏡

狗急跳牆……比喻事情危急，激發人的潛力。

白雲蒼狗……形容世事變化無常。

雞鳴狗盜……比喻宵小之輩。

狼心狗肺……比喻人心腸凶惡狠毒。

兔死狗烹……比喻事成之後就拋棄或陷害對自己有貢獻的人。

八、品格溫度計

視情況作答

六大品格

_____年_____班_____號　姓名：_____

品格新聞

 ## 永興校狗的故事　感動日媒體

國語日報／焦點新聞／民國九十六年三月六日
◎張彩鳳／彰化報導

　　彰化縣永興國小校內有一隻高齡十五歲的校狗小黃，小黃和小朋友朝夕相處，小朋友不只喜歡牠，更把牠視為學校的一份子，甚至替小黃籌募養老醫療基金，人與狗之間發展出真摯的情感。永興國小的小朋友和小黃的故事，感動了日本電視台「寵物當家」節目製作小組，昨天特別飛到台灣拍攝專輯。

　　校長鄭錫禧表示，小黃十五年前就來到學校，牠原本是一隻流浪狗，八十一年三月跑來學校，當時的警衛韋康收養了牠。小黃被領養一週後走失了，沒想到牠又自己回到永興國小，從此就與小朋友形影不離，成了遠近知名的校狗。

　　小黃非常溫馴又具有靈性，從未傷害過任何小朋友，全校七百名師生都非常喜歡牠，不但搶著餵牠吃飯、洗澡，連照顧、就醫、打造狗窩，小朋友都參與過，而小黃也認真守護永興的小朋友作為回報，只要有陌生人、車進入校園，牠就會大叫以示警戒，成為校園最佳的守護者。人和狗之間建立起難得的情誼。

（下頁續）

四年一班柯馨雅小朋友說：「每當舉辦班際拔河對抗賽時，小黃都會站在場邊，好像在幫我們加油，只要有牠在，我們就會贏得比賽。」

鄭錫禧表示，小黃成了小朋友最佳的生命教育教材，依照狗齡，小黃今年十五歲，相當於人類一百零五歲，堪稱是一隻長壽狗了。為了讓小朋友了解生命也有老去的時候，過年前，學校特地舉辦一場跳蚤市場，由小朋友為小黃發起籌募「小黃養老醫療基金」。沒想到募款活動引發熱烈迴響，募得了一萬多元，這次日本電視台也帶來三千元紅包。

六年三班的洪佳郁小朋友說：「日本的電視節目發自內心關懷動物，連狗明星大介要來台灣，還為大介保了一千萬元的保險，真令人感動。」

我們也應該學習他們關懷動物的美德，台灣才不會有流浪狗。

小朋友，這篇報導包含哪些品格，請分別用不同的顏色塗滿，並在文章中出現品格的文字部分畫線！

GPS（衛星導航）找新聞基本元素

📷 **請找出報導中的 5W1H。**

1.（　）請問本篇提到台灣哪一個地方？

❶嘉義　　　　❷員林　　　　❸高雄　　　　❹彰化

2.（　）請問本篇除了台灣還提到哪一個國家？

❶瑞士　　　　❷日本　　　　❸越南　　　　❹印度

3.（　）報導內容談論的年代為？

❶地球形成初期　❷遠古時代　　❸現代　　　　❹未來

4.（　）本篇在談論什麼事件？

❶如何照顧校狗　　　　　　　❷校狗與學校師生情誼深厚

❸流浪狗的悲哀　　　　　　　❹狗如何幫助人類做事

5.（　）依據文中提示，為什麼人和狗之間可以建立起難得的情誼？

❶因為狗和人互相信賴　　　　❷因為照顧小狗，老師會獎勵

❸為了配合電視台的訪問　　　❹因為狗很可愛

6.（　）文中的校狗如何幫助學校？

❶遇到盲人，小黃會協助導盲

❷每天定時在校園巡視

❸遇到陌生人到校，小黃會大叫警戒

❹幫忙捉老鼠

請問本篇報導的文體是：（　　　　）文

佳言美句 PDA

請找出報導中的成語或是好句子，把它記錄下來。

品格搜查隊

信賴自己也要信賴他人！小朋友，這是一個信賴圈圈，想一想，你是一個值得別人信賴的人嗎？要怎麼做才能讓人信賴呢？我們現在就你們的主要生活圈（家、學校）來討論吧！

例句：

在家裡，我要（**好好照顧妹妹**），成為讓（**媽媽**）信賴的人。

換你寫寫看：

在家裡，我要（　　　　　　　），成為讓（　　　）信賴的人。

在家裡，我要（　　　　　　　），成為讓（　　　）信賴的人。

在學校，我要（　　　　　　　），成為讓（　　　）信賴的人。

在學校，我要（　　　　　　　），成為讓（　　　）信賴的人。

品格一線牽

 下列名人中何者是信賴的代表人物，請打勾。

人權領袖馬丁路德‧金

　　馬丁路德‧金（1929-1968）是美國南方人，他曾擔任牧師。一位名叫做羅沙的黑人婦女在公共汽車上拒絕讓座給白人，因而被當地員警逮捕。馬丁路德‧金立即組織了一場罷車運動，希望取消種族隔離政策，從此他成為民權運動的領袖人物，而他更在 1964 年獲得諾貝爾和平獎。他最有影響力的一場演講是「我有一個夢想」，迫使美國國會通過《民權法案》，宣布種族隔離和歧視政策為非法政策，並在每年一月份的第三個星期一為美國的馬丁路德‧金紀念日，以紀念這位偉人。

幽默的文學家馬克‧吐溫

　　十九世紀時美國著名的幽默文學家，原名塞姆‧朗赫恩‧克列門斯。由於家境貧寒，馬克‧吐溫並未受過完整的教育；童年時代住在密西西比河旁的小鎮，河岸的生活成為他日後小說的題材。年輕時當過排版工人、水手、礦工，之後則因擔任新聞記者，發表文章。他的文章幽默機智，具有濃烈的美國風味，被譽為「美國文學中的林肯」，一生著作頗豐，代表作包括《湯姆歷險記》、《頑童流浪記》等書。

一諾千金的季布

　　季布，秦朝末年楚國人。原是項羽的部下，驍勇善戰，常打敗劉邦，因此劉邦非常恨他。項羽失敗自殺之後，劉邦懸賞千金捉拿季布，後來藤公告訴劉邦關於季布的為人，劉邦便封季布為郎中。季布為人很守信用，個性忠厚直爽，又樂於助人。只要是他答應過的事，無論有多大困難，他一定會盡自己的能力設法辦到，因此受到大家的稱讚。楚人諺曰：「得黃金百斤，不如得季布一諾」。

品格名言

◇「信任自己是成功的秘訣」。（愛迪生）

◇「沒有信賴，便沒有友誼」。（第歐根尼）

◇「愛最好的證明就是信任」。（拉伯雷）

【換你寫寫看】責任就是＿＿＿＿＿＿＿＿＿＿＿＿＿＿＿＿＿＿＿＿＿

文章放大鏡

 我的真命天狗

　　狗是人類最忠實的朋友！如果現在請你養一隻狗，你該如何

和我們的狗朋友建立互信互賴的感情，現在趕緊提起筆把你的想法寫下來。

第一步：命名

　　我的真命天狗叫做：＿＿＿＿＿＿＿＿＿＿＿＿＿＿＿＿＿＿

第二步：時間

　　我每天願意花＿＿＿＿＿分鐘陪牠玩，帶牠去散步。

第三步：醫療

　　我的真命天狗生病了，我該怎麼辦？

＿＿＿＿＿＿＿＿＿＿＿＿＿＿＿＿＿＿＿＿＿＿＿＿＿＿＿＿＿＿＿

第四步：金錢

　　真命天狗也有食衣住行育樂的問題，我願意如何節省日常生活開銷，增

加真命天狗的養育經費。

＿＿＿＿＿＿＿＿＿＿＿＿＿＿＿＿＿＿＿＿＿＿＿＿＿＿＿＿＿＿＿

＿＿＿＿＿＿＿＿＿＿＿＿＿＿＿＿＿＿＿＿＿＿＿＿＿＿＿＿＿＿＿

第五步：愛狗守則

請你寫下你獨特的愛狗守則，讓你的真命天狗對你信賴無比！

例如：和我的真命天狗成為好朋友！
1.
2.
3.
4.

品格溫度計 🌡

 親愛的小朋友，日常生活中你是位努力誠實的小尖兵嗎？想想自己努力的程度，畫在品格溫度計上，並想一想怎樣做會更棒！

| 很好 |
| 普通 |
| 加油 |

學習成效檢核表

請依照自己的學習成效用色筆在不同的表情上塗畫顏色。

	學習目標	經常做到	有時做到	很少做到
聽	⊙ 能概略聽出朗讀時優美的節奏	☺	😐	☹
	⊙ 能簡要歸納聆聽的內容	☺	😐	☹
說	⊙ 能說出文章中包含哪些品格，並了解品格內涵	☺	😐	☹
	⊙ 能討論閱讀的內容，分享閱讀的心得	☺	😐	☹
讀	⊙ 能流暢的朗讀出文章	☺	😐	☹
	⊙ 能讀出文章的抑揚頓挫與文章感情	☺	😐	☹
	⊙ 能分辨本文為記敘文	☺	😐	☹
寫	⊙ 讀過後能記錄下想法與心得	☺	😐	☹
	⊙ 能在習寫過程中，正確的使用標點符號	☺	😐	☹
	⊙ 能學習觀察簡單的圖畫和事物，寫成一段文字	☺	😐	☹
	⊙ 能發揮想像力，嘗試創作	☺	😐	☹
品格	⊙ 能在閱讀過程中，體會信賴的重要	☺	😐	☹
	⊙ 在生活中，能信賴自己，信賴他人！	☺	😐	☹

參考解答

一、報導包含的品格：信賴（不限於一個答案）

二、GPS（衛星導航）找新聞基本元素

1. ❹　　2. ❷　　3. ❸　　4. ❷　　5. ❶　　6. ❸

本篇報導的文體是（記敘）文

三、佳言美句 PDA

小黃和小朋友朝夕相處，小朋友不只喜歡牠，更把牠視為學校的一份子，甚至替小黃籌募養老醫療基金，人與狗之間發展出真摯的情感。

四、品格搜查隊

在家裡，我要（　**指導弟弟寫功課**　），成為讓（**爸爸**）信賴的人。

在家裡，我要（　**幫媽媽做家事**　），成為讓（**媽媽**）信賴的人。

在學校，我要（　**幫老師整理教室**　），成為讓（**老師**）信賴的人。

在學校，我要（**幫助功課落後的同學**），成為讓（**同學**）信賴的人。

五、品格名言：責任就是把自己該做的事做完。

六、品格一線牽：一諾千金的季布 ☑

七、文章放大鏡

第一步：命名

小傑克

第二步：時間

50

第三步：醫療

我要立刻帶他去看獸醫。

第四步：金錢

平時把我的零用錢存起來，冬天時可以幫小傑克買一件禦寒的狗衣服。

第五步：愛狗守則

例如：和我的真命天狗成為好朋友！
1. 不要餵牠吃洋蔥和巧克力。
2. 要記得幫牠洗澡。
3. 每天要撥出時間陪牠玩。
4. 要定時幫牠清理大小便。

八、文章放大鏡

視情況作答

六大品格

___年___班___號　姓名：_____

品格文章

剪髮記事

國語日報／4版青春／民國九十五年五月三十日
◎黃敬雅（台中縣大甲國中一年二十一班）

　　「敬雅，把頭髮夾起來，這樣子很沒精神。」老媽的疲勞轟炸，讓我都快招架不住了，然而這一切都是我那三千煩惱絲惹的禍。

　　媽媽經常說我天資聰穎，反應伶俐，無人能及，唯獨「頂上功夫」卻十分笨拙。連讀幼稚園的小妹每天都會用髮夾把自己的頭髮整理得美美的，我卻對自己的一頭亂髮無計可施，只能夠任憑它們「耀武揚威」。

　　這一天，媽媽再也無法忍受，決定親手幫我剪頭髮。在學校擔任訓導主任的媽媽，雖然十八般武藝俱全，卻不包括剪髮這項技巧。在火傘高張的大熱天，媽媽仔細的幫我圍上毛巾，讓我接受可怕的酷刑。「喀嚓！喀嚓！」只見我的三千煩惱絲，在媽媽不太專業的技巧下，一撮撮的落在地面。看著自己紅褐色的髮絲慢慢飄落，心中還真有些不捨呢！

　　「變髮」以後，我成了一個可愛的小女生，妹妹笑我是「西瓜皮」，我倒覺得自己有點像「馬桶蓋」呢！其實，我實在很佩服自己，居然有勇氣讓媽媽進行如此可怕的實驗工程。哈哈，小女子我也算是「功德無量」咯！

小朋友，這篇文章包含哪些品格，請分別用不同的顏色塗滿，並在文章中出現品格的文字部分畫線！

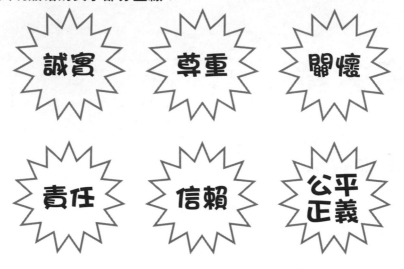

誠實　　尊重　　關懷

責任　　信賴　　公平正義

GPS（衛星導航）找文章大意

❶ 對剪髮不太專業的媽媽決定幫我剪髮，當髮絲落地時，我的心情真不捨。

❷ 我各方面表現均佳，唯有對自己的亂髮無計可施。

❸ 剪髮之後的我變得可愛了，也真的佩服自己敢讓媽媽動手剪髮的勇氣。

❹ 我那難以整理的頭髮經常讓媽媽受不了。

❶~❹ 分別為各段的段落大意，請按照各段先後順序，將數字重新排列：

_____

重組完大意後，你發現了嗎？本篇文章的文體是：（　　　　　）文

佳言美句 PDA

請找出文章中的成語或是好句子，把它記錄下來。

_____
_____
_____
_____
_____

修辭下午茶

下面是「剪髮記事」文章中的句子，分別是哪種修辭法呢？請圈選出正確的一項！

1. 這一切都是我那三千煩惱絲惹的禍。

（誇飾法、類疊法、轉化法）

2. 自己的頭髮整理得美美的。

（誇飾法、類疊法、轉化法）

3. 任憑我的頭髮「耀武揚威」。

（誇飾法、類疊法、轉化法）

4. 雖然十八般武藝俱全，卻不包括剪髮這項技巧。

（誇飾法、類疊法、轉化法）

5.「喀擦！喀擦！」一撮撮頭髮慢慢飄落下來。

（誇飾法、類疊法、轉化法）

6. 小女子我也算是「功德無量」咯！

（誇飾法、類疊法、轉化法）

品格搜查隊

生活中的信賴：信賴四部曲

　　小朋友！只要你遵循信賴指標，好好完成這四部曲，你將是一個信賴自己、受別人信賴的好孩子喔！

指標	具體做法
誠實	例如：即使做錯事，也不說謊話。 換你寫寫看：＿＿＿＿＿＿＿＿＿＿ ＿＿＿＿＿＿＿＿＿＿＿＿＿＿＿＿
成為可靠的人	例如：爸爸媽媽交待我的事情，我一定會努力完成。 換你寫寫看：＿＿＿＿＿＿＿＿ ＿＿＿＿＿＿＿＿＿＿＿＿＿＿＿＿
有勇氣	例如：面對失敗能不放棄，繼續鼓起勇氣嘗試別的解決方法。 換你寫寫看：＿＿＿＿＿＿＿＿ ＿＿＿＿＿＿＿＿＿＿＿＿＿＿＿＿
成為一個好朋友	例如：朋友請我保守的秘密，我一定不會告訴別人。 換你寫寫看：＿＿＿＿＿＿＿＿ ＿＿＿＿＿＿＿＿＿＿＿＿＿＿＿＿

品格一線牽

 下列哪一組名人是「信賴」品格的代表人物，請打勾。

七爺八爺

　　七爺名謝必安，身材高大；八爺名范無救，身材矮小。七爺、八爺，本來是福州地方一個衙門的差役，平常很要好，像親兄弟一樣。他們做事公正，不會隨便抓人，很得人民的敬重。相傳兩人相約橋下，卻遇上洪水氾濫。八爺先到，但河水不斷漲高，他怕七爺找不到他，所以不敢離開，最後淹死。七爺到後，見到八爺已死也就上吊自殺。兩人友愛、重信的精神在死後被封入神界，平常豎立在城隍廟的左右兩邊，人稱為范謝將軍。

萊特兄弟

　　十九世紀美國人，哥哥叫做韋伯‧萊特，弟弟是奧維爾‧萊特，兄弟兩人出生在一個幸福美滿的家庭，兩人對機械非常有興趣。童年時，爸爸買給他們的蝴蝶玩具，啟發了他們倆對飛行的夢想。他們吸收德國人的經驗，製作出滑翔機，但不以此自滿，仍繼續研究嘗試，過程中歷經許多的失敗，卻沒有打倒他們兄弟，最後萊特兄弟成為駕駛第一架裝有引擎的飛機飛到空中的人。他們帶領人類進入航空時代，除此之外，他們堅持夢想的精神，一直深深感動著世人。

勃朗特三姊妹

　　十九世紀英國人，她們分別是艾蜜莉・勃朗特、夏綠蒂・勃朗特、安・勃朗特。這個家庭一向離開大眾而獨自生活著，姊妹們常以讀書、寫作詩歌及故事來打發寂寞的時光。然而，三姊妹的家裡非常貧窮，她們經常出外謀生，以教書或做家庭教師來貼補家用，受盡艱辛挫折。《簡愛》、《維萊特》、《艾格妮斯・格雷》、《咆哮山莊》都是姊妹們的代表作。

品格名言

◇ 別人的行為或表現讓我很有安全感。

◇ 相信自己，會覺得自己是獨一無二的。

◇ 答應別人的事一定盡力去達成。

◇【換你寫寫看】信賴就是＿＿＿＿＿＿＿＿＿＿＿＿＿＿＿＿＿＿

114

文章放大鏡 🔍

💗 小朋友，下面是有關「信賴」成語典故的由來！看完了典故與解釋，相信你對於信賴的成語印象會更加深刻！現在趕緊把你閱讀成語的心得記錄下來。

成語：季札掛劍（重友誼、守信用的典範）
典故：季札經過徐君的國家，徐君愛季札的劍，季札因仍有任務在身，暫時沒把劍送徐君。後來他又去找徐君，沒想到徐君已死，季札不違背其承諾，把劍掛在徐君墓前的樹上。

📓 心得記錄本：

成語：尾生抱柱（比喻堅守信約）
典故：尾生與女子相約在橋樑相會，後來女子一直沒來，水位高漲了，最後尾生抱橋柱而死。

📓 心得記錄本：

成語：雞黍之約（指朋友之間互守誠信的邀約）

典故：漢人范式與張劭相約，范式於二年後將拜訪張劭家鄉。到了約定的日期，范式果然守信，遠從山陽來到汝南。

 心得記錄本：

成語：曾子殺彘（比喻人講求信用）

典故：曾參的兒子想跟妻子到市場，妻子不想兒子去，於是就騙兒子說回來將殺一頭豬。等到曾妻回家之後，曾子便真的殺了一頭豬，表示對兒子的信用。

 心得記錄本：

116

品格溫度計

 親愛的小朋友，活動接近尾聲，請檢核自己各項能力的實踐狀況。統計自己努力的程度，畫在品格溫度計上，並且想一想還可以怎樣做會更棒！

很好
普通
加油

學習成效檢核表

 請依照自己的學習成效用色筆在不同的表情上塗畫顏色。

	學習目標	經常做到	有時做到	很少做到
聽	⊙ 能概略聽出朗讀時優美的節奏	☺	😐	☹
	⊙ 能簡要歸納聆聽的內容	☺	😐	☹
說	⊙ 能說出文章中包含哪些品格，並了解品格內涵	☺	😐	☹
	⊙ 能討論閱讀的內容，分享閱讀的心得	☺	😐	☹
讀	⊙ 能流暢的朗讀出文章	☺	😐	☹
	⊙ 能讀出文章的抑揚頓挫與文章感情	☺	😐	☹
	⊙ 能分辨本文為記敘文	☺	😐	☹
寫	⊙ 讀過後能記錄下想法與心得	☺	😐	☹
	⊙ 能在習寫過程中，正確的使用標點符號	☺	😐	☹
	⊙ 能學習觀察簡單的圖畫和事物，練習寫成一段文字	☺	😐	☹
	⊙ 能發揮想像力，嘗試創作	☺	😐	☹
品格	⊙ 能在閱讀過程中，體會信賴的重要	☺	😐	☹
	⊙ 在生活中，能信賴自己，信賴他人！	☺	😐	☹

參考解答

一、**文章包含的品格**：信賴（不限於一個答案）

二、**GPS（衛星導航）找文章大意**：❹→❷→❶→❸。

　　本篇文章的文體是：（記敘）文

三、**佳言美句 PDA**

　　連讀幼稚園的小妹每天都會用髮夾把自己的頭髮整理得美美的，我卻對自己的一頭亂髮無計可施，只能夠任憑它們「耀武揚威」。

四、**修辭下午茶**

　　1. 誇飾法　2. 類疊法　3. 轉化法　4. 誇飾法　5. 類疊法　6. 誇飾法

五、**品格搜查隊**

　　誠實：真的做錯事了，要勇敢的說出來。

　　成為可靠的人：答應別人的事情，要盡力完成。

　　有勇氣：即使失敗了也不灰心，打起精神重新再把事情做一次。

　　成為一個好朋友：朋友有困難或需要時，我會主動伸出援手。

六、**品格一線牽**：七爺八爺 ☑

七、**品格名言**：信賴就是努力做好每件事，讓別人可以相信自己。

八、**文章放大鏡**

　　季札掛劍：答應別人的事一定要做到，即使那個人已不在人世，這種精神值得我們學習。

　　尾生抱柱：雖然要信守承諾，不過若危害到自己的生命安全，要懂得變通。

雞黍之約：朋友間常約好要共同做很多事情，可是有時往往只是隨口說說，時間久了大家就遺忘了。我們要效法古人的精神，約定好了就要去做，不要老是開空頭支票。

曾子殺彘：一位言出必行的父親，必定可以教導出一位信守承諾的孩子。即使是大人對小孩，也要說到做到，不能言而無信，這樣才能成為一位受人尊敬的長者。

九、品格溫度計

視情況作答

六大品格

_____年_____班_____號　姓名：_____

品格新聞

年輕新世代　開創印度崛起神話

國語日報／3版生活／民國九十五年二月二十五日

◎林世駿／報導

　　印度有十億人口，但是七成以上人口是文盲，而且有四成以上處在極度貧窮的環境。靠著資訊科技的發展，在世人眼中「貧窮的印度」，近年來創造出「印度崛起」的神話，正逐步邁向大國的美夢。

　　從一九九○年以來，印度政府非常重視科技人才的培養，目前，印度有四百多所大專院校設有電腦相關科系，每年培養一萬多名電腦工程師，並且在大約三千所中學推出「中學計算機掃盲和學習計畫」。

　　微軟公司總裁比爾蓋茲認為，二十一世紀世界軟體超級大國將是印度，印度也已成了世界各大工業國家積極合作的對象。在國際觀察家眼中，印度是個相當具有潛力的小巨人。

　　為印度開創科技美夢的，正是充滿抱負、志氣，年輕一代的新印度人，他們不願意接受傳統束縛的「種姓」觀念，不甘心於自己所處的現狀，努力讀書也努力賺錢，積極的往上爬。

　　在印度的歷史記載中，三千多年前的入侵者為了要保持自己的「高貴血統」，嚴格禁止不同種族的人結婚生子，整個社會階層被區分為「祭司和僧

（下頁續）

侶」、「貴族和武士」、「農民和商人」以及「奴隸」四大階層，甚至還有一種「賤民」階級，是連一點社會地位也沒有。這些階級世世代代繼承下去，父母是什麼階級，小孩一生下來就是同樣的階級，不會改變。

雖然在印度獨立後，種姓制度已經被政府宣布廢除，但是經過半世紀的發展，這種根深柢固的觀念，仍造成不少社會悲劇，報紙上仍然可以看到在大城市以外的地區，只要是不同「種姓」階級的人交往、談戀愛，或是階級比較低的人想要進入階級高的社交生活圈時，就可能發生流血衝突。

一出生就被決定一生的命運，這是相當不合理的制度。總數占了印度社會五億多人的年輕一輩，當然不願意接受老一輩的保守觀念，於是他們拚命的唸書求上進，希望以自己的實力來獲得肯定，有的被視為低階層的青年還設法出國留學，遠離這個不公平的社會。

像這樣讀書求發展，也積極的到國外吸取寶貴經驗的印度青年人，現在成了印度「剷平貧窮障礙」的主要力量，他們也為自己創造出光明的人生坦途。

 小朋友，這篇報導包含哪些品格，請分別用不同的顏色塗滿，並在文章中出現品格的文字部分畫線！

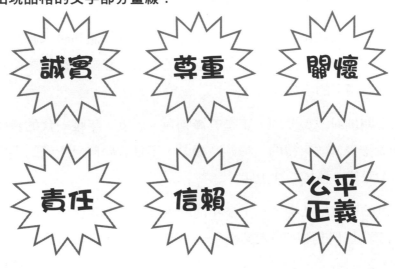

GPS（衛星導航）
找新聞基本元素

💗 **請找出報導中的 5W1H。**

1.（　　）請問本篇是哪一國的相關報導？

❶中國　　　　❷印尼　　　　❸日本　　　　❹印度

2.（　　）請問本篇談論哪一族群的新聞？

❶嬰幼兒　　　❷年輕人　　　❸壯年人　　　❹老年人

3.（　　）報導內容談論的年代為？

❶地球形成初期　　　　　❷遠古時代

❸三千多年前到現代二十一世紀　❹未來的五十世紀

4.（　　）本篇在談論什麼事件？

❶流行服飾　　❷環境問題　　❸階級制度　　❹民俗節慶

5.（　　）為什麼會有種姓制度出現？

❶早期入侵者為了鞏固自己的地位而定

❷戶口調查用的

❸逃生演練好分配躲藏地點

❹國民的姓氏才好分配

6.（　　）請問該國的年輕人民如何面對問題？

❶命中注定，自怨自艾　　❷讀書求上進，創造自己的未來

❸國家的傳統，要好好保留　❹覺得是合理的，坦然接受

請問本篇報導的文體是：（　　　　　）文

佳言美句 PDA

請找出報導中的成語或是好句子，把它記錄下來。

_____

_____

_____

_____

_____

_____

品格搜查隊

 種姓制度

 印度的「種姓制度」將社會階層區分為四大階層：

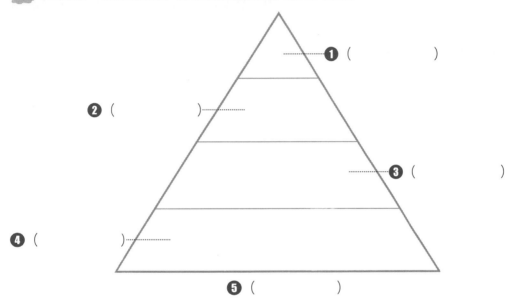

◇ 父母是什麼階級，孩子一生下來就是同樣的階級，不會改變，所以印度很多人口仍生活在極度貧窮的環境。

◇ 種姓之間界限森嚴，不能通婚，不能共食、並坐。

◇ 印度獨立後，政府宣布廢除種姓制度，但是今天的印度社會仍然保留著根深柢固的觀念。

◇ 年輕一輩的新印度人不願意接受老一輩的保守觀念，於是拚命唸書，希望以自己的實力來獲得肯定，遠離這個不公平的社會，是印度進步的原動力。

124

換做是你……

◇ 一出生就被決定一生的命運，我覺得＿＿＿＿＿＿＿＿＿＿＿＿＿＿＿＿

＿＿＿＿＿＿＿＿＿＿＿＿＿＿＿＿＿＿＿＿＿＿＿＿＿＿＿＿＿＿＿＿＿＿

生活中的公平正義……

◇ 同學把東西借給你使用之後要還給他，因為這是他的，記得要跟對方道
謝。

◇ 如果同學借給你的東西弄壞了，你必須修好它，若無法修復，就必須道歉
並且承諾還一個新的給人家。

◇ 在公共場合看到的任何一樣東西，都不能刻意損壞它，因為它們是屬於大
家的。

◇【換你寫寫看】＿＿＿＿＿＿＿＿＿＿＿＿＿＿＿＿＿＿＿＿＿＿＿＿＿

＿＿＿＿＿＿＿＿＿＿＿＿＿＿＿＿＿＿＿＿＿＿＿＿＿＿＿＿＿＿＿＿＿＿

品格一線牽

 下列名人中何者是「公平正義」品格的代表人物，請打勾。

亞洲鐵人楊傳廣 　　出生於台東的原住民，一九五四年第一屆亞運，楊傳廣拿下生平第一面十項金牌；一九五八年破亞運紀錄，贏得亞洲鐵人封號；一九六〇年在美國奧勒岡州破世界紀錄，同年的羅馬世運會獲得十項運動銀牌。	
藝術家齊白石 　　中國湖南人，是中國二十世紀傑出的藝術家，他的詩文、書法、繪畫、篆刻方面都出類拔萃。白石老人專長畫花鳥，又能將書法的蒼勁筆意融入繪畫之中，他的篆刻尤其受人讚譽。	
南非首任總統曼德拉 　　南非過去充滿種族歧視，在種族隔離制度下，人民的命運不是決定於他們的努力程度，而是取決於膚色——黑人永遠在社會的下層階級。曼德拉致力於種族解放，讓黑人和白人和平相處，擔任南非有史以來的第一位黑人總統。	

品格名言

◇ 公平是以一把無形的量尺來衡斷事物的合理性。

◇「世上最可怕的事是與愛分離的正義。」（法國作家　莫里亞克）

◇【換你寫寫看】公平正義就是＿＿＿＿＿＿＿＿＿＿＿＿＿＿＿＿＿＿＿

文章放大鏡

 種姓制度外，印度的男女不平等。

◇ 兒子才能傳宗接代。

◇ 女生受教育的時間比男生少。

◇ 印度不願意生女孩的重大原因，是家長必須為女兒結婚準備鉅額的嫁妝。

◇ 印度是南亞國家中兩性最不平等的國家之一，僅百分之二十六的婦女獲得
  工作，男性則高達百分之八十四點一。

品格溫度計

 親愛的小朋友，日常生活中你是位努力誠實的小
尖兵嗎？想想自己努力的程度，畫在品格溫度計
上，並想一想怎樣做會更棒！

學習成效檢核表
請依照自己的學習成效用色筆在不同的表情上塗畫顏色。

	學習目標	經常做到	有時做到	很少做到
聽	⊙ 能簡要歸納聆聽的內容	☺	😐	☹
說	⊙ 能說出報導的品格及內涵	☺	😐	☹
	⊙ 能抒發自己的想法	☺	😐	☹
	⊙ 能討論報導的內容，並分享讀後心得	☺	😐	☹
讀	⊙ 能流暢的朗讀出此篇報導	☺	😐	☹
	⊙ 能分辨此篇報導為說明文	☺	😐	☹
寫	⊙ 能記錄下自己的感想與意見	☺	😐	☹
品格	⊙ 能在閱讀過程中，體會公平正義的重要	☺	😐	☹
	⊙ 生活中能體認並實踐公平正義	☺	😐	☹

參考解答

一、**報導包含的品格**：公平正義（不限於一個答案）

二、**GPS（衛星導航）找新聞基本元素：**

    1.❹   2.❷   3.❸   4.❸   5.❶   6.❷

    本篇報導的文體是：（說明）文

三、**佳言美句 PDA**：世世代代、根深柢固

四、**品格搜查隊**

    種姓制度

    ❶祭司和僧侶   ❷貴族和武士   ❸農民和商人   ❹奴隸   ❺賤民

    換做是你……

    一出生就被決定一生的命運，我覺得非常不公平。假使出生在貴族以上的階級，因為不需要任何努力就擁有權利財富，可能揮霍無度或是不道德；而出生就在貧窮階級，連努力的機會也沒有，肯定自暴自棄或不守法紀。

    生活中的公平正義……

    即使是我的好朋友，做了不對的事情也不能袒護他。

五、**品格一線牽**：南非首任總統曼德拉 ☑

六、**品格名言**：公平正義就是比賽時站在同一個起跑點出發，然後全力以赴。

七、**品格溫度計**

    視情況作答

六大品格

＿＿年＿＿班＿＿號　姓名：＿＿＿＿＿＿

品格文章

 ## 不再沉默

國語日報／７版兒童園地／民國九十五年十二月十四日
◎廖祐婕（高雄市楠陽國小四年六班）

　　「啊！別過來！」廁所洗手台前一個壯碩的男同學正走向一個體型瘦弱的同學。我想不關我的事，趕緊離開了。

　　過了兩天，我又在樓梯口看見同樣的情景，我告訴哥哥自己撞見學校的霸凌現象。哥哥問我：「你有沒有採取行動？」我告訴哥哥那些人我又不認識，何必多管閒事。哥哥說：「真是沒有正義感！」天哪！我感到很委屈，別人被欺負關我什麼事？可是……如果被欺負的人是我呢？我一定希望有人站出來替我解圍。

　　在將心比心的心態下，我抱定了「不再沉默」的堅定信念。可是才不到兩天，我的態度又軟化了，總覺得多一事不如少一事。直到有一天，聽老師說起他的親身經歷……

　　有一次，老師在街上看見一群人欺凌一個手無寸鐵的人。他知道自己勢單力薄，但是他可以立刻報警處理。他提醒我們：在校園看見同學被欺負，要馬上報告老師，請老師處理，不必自己站出來和欺負者正面衝突。

（下頁續）

　　直到這個時候，我才恍然大悟，我想我以後不會再沉默了，我有嘴巴可以說，有手可以寫字，可以把霸凌事件傳達給老師。從現在開始，我不能再做一個冷漠的旁觀者了。

　　小朋友，這篇文章包含哪些品格，請分別用不同的顏色塗滿，並在文章中出現品格的文字部分畫線！

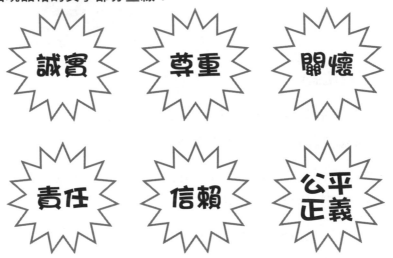

誠實　　尊重　　關懷

責任　　信賴　　公平正義

GDS（衛星導航）找文章大意

💻 **請找出文章段落大意，並依序填上 1 ～ 5。**

（　　）將心比心抱定「不再沉默」，但是不到兩天又軟化了，直到老師跟同學做經驗分享……

（　　）學校廁所前，一位身材壯碩的同學欺負著一位體型瘦弱的同學。

（　　）老師在街上看到手無寸鐵的人被一群人欺凌，便馬上報警處理；他提醒同學在學校要馬上報告老師，不必自己站出來和欺負者正面衝突。

（　　）作者下定決心不再做個冷漠的旁觀者了。

（　　）過兩天，作者又看到同樣欺凌的情況卻沒有採取行動，被哥哥說沒正義感。

請問本篇文章的文體是：（　　　　）文

佳言美句 PDA

💻 **請找出文章中的成語或是好句子，把它記錄下來。**

_____

_____

_____

_____

_____

修辭下午茶

下列文章中的句子是哪種修辭呢？請用線連起來。

❶ 啊！別過來！

❷ 你有沒有採取
行動？

❸ 別人被欺負關
我什麼事？

 設問法

❹ 天哪！我真感
到委屈。

❺ 真是沒有正義
感！

 感嘆法

❻ 可是……如果
被欺負的人是
我呢？

品格搜查隊

 碰到下面的情況你會怎麼處理呢？請寫下來！

狀況一：看到同學以大欺小，向人勒索錢。

1. 如果你跑掉了，被勒索的同學可能發生什麼事情？
_____

2. 你想幫忙，你會怎麼做？_____

3. 你的行為符合公平正義嗎？為什麼？
_____

狀況二：排隊買電影票時，你看到有個年紀比你大的人插隊。

1. 你會怎麼做？_____

2. 你的行為符合公平正義嗎？為什麼？
_____

狀況三：考試時發現你的好朋友作弊。

1. 你會怎麼做？_____

2. 你的行為符合公平正義嗎？為什麼？
_____

品格一線牽

 下列名人中何者是「公平正義」品格的代表人物，請打勾。

通天教主黃海岱 　　雲林西螺人（1901-2007），知名布袋戲操偶藝師。十五歲進入父親黃馬的布袋戲班，十八歲時已可獨當一面演出，三十歲創立布袋戲劇團「五洲園」，不但創造了轟動武林、驚動萬教的經典人物雲州大儒俠「史豔文」，更被尊稱為布袋戲「通天教主」。
三角湧李梅樹 　　於三角湧（台北縣三峽舊地名）出生的畫家李梅樹（1902-1983），堅持以東京美術學校習得的寫實路線，擁抱台灣鄉土之美，被稱為台灣美術運動中不倒的「萬里長城」。民國三十六年被推任三峽清水祖師廟重建負責人，設計並主持重建工作。
美國林肯總統 　　二十二歲離開家鄉到南方的紐奧爾良做生意，看見白人在販賣非洲黑人當作奴隸，覺得非常不公平。擔任律師期間努力伸張正義，美國內戰（南北戰爭）公開簽署解放黑奴的法案，聲明廢除奴隸制度，美國境內四百萬黑奴，從此獲得了寶貴的自由。

品格名言

◇ 公平正義就是不偏袒任何一方，公平的對待每一個人。

◇ 公平正義就是以公平方式將事物分配給一群人。

◇【換你寫寫看】公平正義就是＿＿＿＿＿＿＿＿＿＿＿＿＿＿＿＿＿＿＿。

文章放大鏡

左邊是公平正義相關的成語，沿著線前進時碰到岔路就要走岔路，不能
往回走，最後會看到該成語的解釋喔！

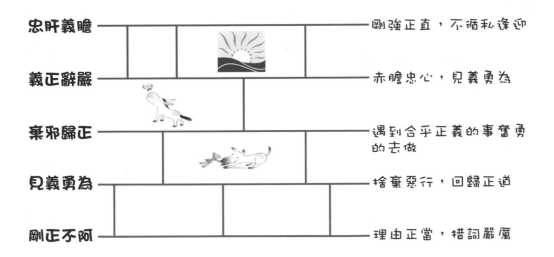

忠肝義膽　　　　　　　　　　　　　　　剛強正直，不循私逢迎

義正辭嚴　　　　　　　　　　　　　　　赤膽忠心，見義勇為

棄邪歸正　　　　　　　　　　　　　　　遇到合乎正義的事奮勇
　　　　　　　　　　　　　　　　　　　的去做

見義勇為　　　　　　　　　　　　　　　捨棄惡行，回歸正道

剛正不阿　　　　　　　　　　　　　　　理由正當，措詞嚴厲

品格溫度計

 親愛的小朋友，活動接近尾聲，請檢核自己各項能力的實踐狀況。統計自己努力的程度，畫在品格溫度計上，並且想一想還可以怎樣做會更棒！

很好
普通
加油

學習成效檢核表

請依照自己的學習成效用色筆在不同的表情上塗畫顏色。

	學習目標	經常做到	有時做到	很少做到
聽	⊙ 能簡要歸納聆聽的內容	☺	😐	☹
說	⊙ 能說出文章的主旨及大意	☺	😐	☹
	⊙ 能發表自己的想法	☺	😐	☹
	⊙ 能討論文章的內容，並分享讀後心得	☺	😐	☹
讀	⊙ 能流暢的朗讀出此篇文章	☺	😐	☹
	⊙ 能分辨此篇文章為記敘文	☺	😐	☹
寫	⊙ 能記錄下自己的感想與意見	☺	😐	☹
	⊙ 能判斷出設問修辭、感嘆修辭	☺	😐	☹
品格	⊙ 能在閱讀過程中，體會公平正義的重要	☺	😐	☹
	⊙ 生活中能體認並實踐公平正義	☺	😐	☹

參考解答

一、**文章包含的品格**：公平正義（不限於一個答案）

二、**GPS（衛星導航）找文章大意**：❸、❶、❹、❺、❷。

　　本篇文章的文體是：（記敘）文

三、**佳言美句 PDA**

　　將心比心、多一事不如少一事、手無寸鐵、勢單力薄、恍然大悟

四、**修辭下午茶**：❶、❹、❺感嘆法；

　　　　　　　　　❷、❸、❻設問法

五、**品格搜查隊**

　　狀況一：

　　1. 如果我跑掉，被勒索的人就會受到恐嚇欺負，甚至受傷。

　　2. 只單憑自己的力量無法抵抗勒索的惡勢力，所以我會去尋求支援，譬如老師、鄰里長、社區管理員、轄區警察等等。

　　3. 看到別人有難，雖然自己沒有挺身相救，但是避免硬碰硬的方式讓自己不會受傷，又可以有效營救同學，是很好的辦法。

　　狀況二：

　　1. 年紀比我大的人排隊插隊時，我會心平氣和的跟對方說要按照順序排隊。

　　2. 提出「插隊」是不禮貌、不守秩序的行為，讓他知道公平的重要。

　　狀況三：

　　1. 在考試當下我無法立即給予制止，但是考完我會勸同學跟老師道歉認錯，負起所有責任。

2. 考試絕對是要公平公正的，即使同學做錯事情也不可以袒護他，因為不提出來反而是害了他。

六、品格一線牽：美國林肯總統 ☑

七、品格名言

公平正義就是公平無私的態度，正正當當的行為。

八、文章放大鏡

忠肝義膽——赤膽忠心，見義勇為

義正辭嚴——理由正當，措詞嚴厲

棄邪歸正——捨棄惡行，回歸正道

見義勇為——遇到合乎正義的事奮勇的去做

剛正不阿——剛強正直，不循私逢迎

九、品格溫度計

視情況作答

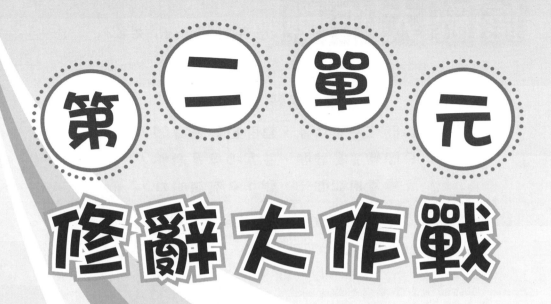

第二單元

修辭大作戰

修辭大作戰

___年 ___班 ___號 姓名：_____

設問修辭順口溜

設問修辭變化多，自問自答是提問，
只問無答是疑問，答案相反是激問，
文章善用設問法，親切又有說服力！

寫作時，為了要引起讀者的注意，激起讀者閱讀的興趣與好奇心，所以故意設計問題，來增加文章吸引人的力量，句末有「？」，這種使用詢問語氣的修辭方法，稱為「設問」。

設問修辭知多少

提問：先提出問題，再自己回答。

如：1. 天下有不勞而獲的事嗎？當然沒有。

　　2. 春天在哪裡？春天在小孩子的笑臉上。

疑問：心中有疑問，找不到答案，留給讀者去思考。

如：1. 嫦娥一個人住在月亮上，會不會寂寞呢？

　　2. 如果世界上沒有了太陽，會變得怎麼樣呢？

激問：只提出問題，不寫出答案，但答案就是問題的反面。

如：1. 沒有了空氣，人可以活下去嗎？

　　2. 只吃零食不吃正餐，身體會健康嗎？

設問達人

🔎 **試試身手！我也來寫設問句！**

提問：先提出問題，再自己回答。

疑問：心中有疑問，找不到答案，留給讀者去思考。

激問：只提出問題，不寫出答案，但答案就是問題的反面。

		看看範例	試試身手
提問	原句	小明生病所以沒來。	我最要好的朋友就是小芳。
	改寫	小明為什麼沒來呢？因為他生病了。	
疑問	原句	不知道如何才能讓自己更聰明。	不知道寶物被誰拿走了。
	改寫	要如何才能讓自己更聰明呢？	
激問	原句	讀書要專心才會有收穫。	營養均衡身體才會健康。
	改寫	讀書時不專心會有收穫嗎？	

修辭小偵探

 找出文章中出現的設問句子,並用有顏色的筆標示出來。

愛書的丹麥人

國語日報／青春版／民國九十六年三月十二日
◎林湘雲(嘉義縣義竹國中八年一班)

　　提到丹麥,你會想到什麼?全世界最快樂的國家,或是社會福利完備的國家,還是童話大師安徒生的故鄉?

　　最近,我在《大英百科全書》中發現一項很有趣的事,丹麥每年每千人的借書量是一萬五千四百一十七本,比荷蘭的一萬一千四百九十本、英國的一萬一千四百九十本、英國的一萬一千三百九十三本,以及瑞典的九千三百零四本都來得高,堪稱是全世界最愛讀書的國家。這份資料讓我不禁忖度:究竟是嚴寒的天氣培養出愛書的丹麥人?還是愛書的丹麥人,才耐得住酷寒的嚴峻天候?

　　事實上,位居高緯度的丹麥,全國常年低溫,大部分的丹麥人長時間只能待在室內。而電視方面的娛樂少之又少,有些地方甚至只有一個電視台,而且永遠只播放北極圈生態影片,也沒有炫目、誘人的廣告,種種因素讓丹麥人從浩瀚書海中另闢一個四季如春、落英繽紛的新樂園。他們恣意徜徉在字裡行間,企圖以無垠的知識和刺骨的低溫相抗衡,結果締造出獨占鰲頭的借書量。

　　我思考著:生長在氣候溫暖宜人地區的我們,為什麼無法養成閱讀的好習慣?

(下頁續)

　　或許是我們太過汲汲於名利，為樂透高額獎金而大排長龍的盛況，勝過名作家的新書首賣會；縱情於電腦、電視等媒體聲光魅惑的結果，讓長期被腥羶色傳媒文化豢養的台灣人民覺得文字枯燥乏味，導致書籍乏人問津。

　　我想，台灣應該見賢思齊，向丹麥學習，讓台灣處處洋溢書香，人人都是熱衷閱讀的讀書人。

小朋友，你找到哪些設問的方法呢？請勾選。

1. (　　) 提問：自問自答。

2. (　　) 疑問：無答案，只問不答。

3. (　　) 激問：答案在問題的反面。

大顯身手

 文章的第一段用「設問法」，可以讓文章充滿濃濃的情感，就好像和對方見面聊天一樣，非常親切。

設問法能讓你的文章更生動，吸引讀者的注意力。常常應用，你會越來越熟練的。現在就讓我們一起來試試看吧！

 首段「設問法」練習——換你試一試。

	我最喜歡的運動
範例題目	你也喜歡運動嗎？你知道我最喜歡的運動是什麼嗎？讓我來告訴你吧！我最喜歡的運動就是——躲避球。
練習題目 1	最想去的地方
練習題目 2	我的小時候

延伸閱讀

迎向春天

國語日報／少年文藝版／民國九十六年三月八日

◎謝鵬雄

　　天氣逐漸暖和，我們說「春天快來了」或「春天來了」。大家都這麼說，好像沒有錯。但春天「來」了嗎？事實上是地球的一面迎向陽光，而自然變成春天的。

　　地球在圍繞太陽公轉的軌道上，其面向太陽的角度或位置，是每天都有一點變化的。這個變化，使地球的北半球及南半球，各有相對的比較暖和的天氣和比較寒冷的天氣。比較暖和，是角度上照到太陽較多，受到的熱較多；比較寒冷，是因為照到太陽的時間較短，受熱較少的緣故。開始變暖的季節就是春天，很熱的季節叫做夏天，變冷的季節叫做秋天，很冷的季節叫做冬天。

　　很科學的說，不是春天來了，是地球赤道以北及以南的部分輪流迎向春天了。我們約定俗成說「春天來了」也沒有關係，但最好明白，不是春天自己「走來」，是地球迎向春天。想想，自己迎向春天，是不是比春天自己走來，有意思多了？

　　除了用在首段，設問法也可以用於末段，來製造文章餘韻；或是首段末段都用，可以構成前後呼應。文章中若連續出現兩句以上的設問句，能加強語文氣勢，使文章更有說服力哦！

1. 閱讀此篇文章（迎向春天），你知道文章中的設問法用在何處嗎？請勾選。

（　　）用在首段　　（　　）首末段都用　　（　　）用於末段　　（　　）連續設問

2. 在閱讀前一篇範例文章（愛書的丹麥人），其中的設問法用在何處呢？

（　　）用在首段　　（　　）首末段都用　　（　　）用於末段　　（　　）連續設問

修辭溫度計

 親愛的小朋友，活動接近尾聲，請檢核自己各項能力的實踐狀況。統計自己努力的程度，記錄在修辭溫度計上，並且想一想還可以怎樣做會更進步！

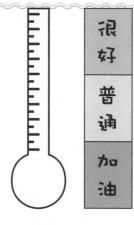

很好
普通
加油

學習成效檢核表

請依照自己的學習成效用色筆在不同的表情上塗畫顏色。

	學習目標	經常做到	有時做到	很少做到
聽	⊙ 能概略聽出朗讀時優美的節奏	☺	😐	☹
	⊙ 能簡要歸納聆聽的內容	☺	😐	☹
說	⊙ 能說出文章中包含哪些設問修辭	☺	😐	☹
	⊙ 能討論閱讀的內容，分享閱讀的心得	☺	😐	☹
	⊙ 能說出文章的主旨及大意	☺	😐	☹
讀	⊙ 能流暢的朗讀出文章	☺	😐	☹
	⊙ 能讀出文章的抑揚頓挫與文章感情	☺	😐	☹
	⊙ 能分辨本文為論說文	☺	😐	☹
寫	⊙ 讀過後能記錄下想法與心得	☺	😐	☹
	⊙ 能在習寫過程中，正確的使用標點符號	☺	😐	☹
	⊙ 能學習觀察簡單的圖畫和事物，練習寫一段文字	☺	😐	☹
	⊙ 能發揮想像力，嘗試創作	☺	😐	☹
學習成效	⊙ 能了解並改寫不同的設問句子	☺	😐	☹
	⊙ 能將設問修辭應用在文章中	☺	😐	☹

參考解答

一、設問達人：

1. 提問：<u>你知道我最要好的朋友是誰呢？就是小芳。</u>

2. 疑問：<u>寶物到底被誰拿走了呢？</u>

3. 激問：<u>營養不均衡會有健康的身體嗎？</u>

二、修辭小偵探

文章中出現的設問句子

1. <u>提到丹麥，你會想到什麼？全世界最快樂的國家，或是社會福利完備的國家，還是童話大師安徒生的故鄉？</u>（連續設問）

2. <u>究竟是嚴寒的天氣培養出愛書的丹麥人？還是愛書的丹麥人，才耐得住酷寒的嚴峻天候？</u>（連續設問）

3. <u>生長在氣候溫暖宜人地區的我們，為什麼無法養成閱讀的好習慣？</u>（提問）

小朋友，你找到哪些設問的方法呢？請勾選。

1.（✓）提問：自問自答。

2.（✓）疑問：無答案，只問不答。

三、大顯身手：

練習題目 1：最想去的地方

例：<u>朋友，你最想去的地方是哪兒呢？你猜得到我最想要去的地方嗎？是日本的富士山？還是四川的九寨溝？讓我來告訴你吧！我最想去的地方是遙遠的外太空！</u>

練習題目 2：我的小時候

例：<u>你看過自己小時候的照片嗎？在媽媽細心保存的相本裡，有我還是個嬰兒時的照片呢！那時候的我圓圓胖胖的，爸爸給我取了個小名，你猜得到嗎？小嬰兒時，爸爸都叫我「小饅頭」。</u>

四、延伸閱讀

1. 文章（迎向春天）中，設問法用在何處？

（✓）首末段都用

2. 文章（愛書的丹麥人）中，設問法用在何處？

（✓）用在首段 （✓）連續設問

五、修辭溫度計

視情況作答

修辭大作戰

___年___班___號　姓名：_____

感嘆修辭順口溜

開心與悲傷，

憤怒或驚訝，

感嘆修辭法，

通通都搞定！

　　當一個人遇到令他快樂、憤怒、驚訝、悲傷、歡喜，或是厭惡的人、事、物，在寫作時，把這種表現內心情感的聲音描寫出來，就叫做「感嘆」修辭法。通常句子後面會出現驚嘆號「！」的標點符號。

感嘆修辭知多少

 ## 種類

利用嘆詞：如「哇」、「哦」、「呀」、「噯喲」等。

例子：噯喲，那可真危險了！（梁啟超　為學與做人）

利用助詞：如「矣」、「唄」、「啊」等。

例子：所以要拜就拜水啊！（藍蔭鼎　飲水思源）

利用嘆詞、助詞

例子：嗚呼！此所以為子房與？（蘇軾　留侯論）

 ## 應用例子

（生氣）**例句 1**：呸！胡說八道！

（不屑）**例句 2**：哼！我才不要！

（難過）**例句 3**：唉！我不知何時再能與他相見！

（驚訝）**例句 4**：天哪！這可把我難倒了。

（讚美）**例句 5**：啊！好極了，又是個下雨天。

（快樂）**例句 6**：耶！這一次我總算如願考了 100 分！

感嘆達人

 現在，請將下面運用了感嘆修辭法的文章句子，連出正確的文字表情！

心情指數

讚美

生氣

難過

不屑

快樂

● 1. 我的得分是 90 分，相信自己以後一定
　　能拿到更好的成績喔！

● 2. 老師難過的問：「咦！難道大家都忘記
　　班級的約定了？」

● 3. 下定決心戒除所有的壞習慣，
　　真不是件簡單的事啊！

● 4.「也許，他自己也可以做得很好哇！」
　　爸爸開心的說。

● 5. 天哪！他竟然未經我的同意就把我的
　　東西丟掉。

● 6. 你真的很可惡耶！

● 7. 好噁心喔！真是不值得讚賞的表現。

● 8. 啊！這真是大自然的一大美景。

修辭小偵探

 請找出文章中出現的感嘆修辭，並用有顏色的筆標示出來。

為別人著想

國語日報／10版兒童園地／民國九十五年十一月六日

◎涂思羽（新竹縣芎林國小六年丁班）

爸爸職務升遷那天，心情很好，決定全家人出去吃晚餐。出門以前，爸爸問大家：「你們想吃什麼？」

「滷肉飯！」妹妹興奮的搶答。

「我想要吃水餃！」我跳著說。媽媽說她很想吃牛肉麵。

「吃水餃！水餃！水餃！」我喊著。

「我不管，我要吃滷肉飯！」妹妹不甘示弱的說。火藥味越來越濃，眼看一場家庭大戰即將爆發。

爸爸靈機一動，對大家說：「那我們到百貨公司的美食街好了！那兒什麼都有。」這個提議兼顧不同的需求，大家都贊成。

想玩的項目不同，想去的地方不一樣，想看的節目各有所好，這種意見不同的情況，每個家庭都會遇到。如果堅持己見，不肯妥協，就可能引發一場紛爭。解決紛爭，通常都是由父母的權威，或者誰哭喊得最大聲決定勝負；可是這麼一來，家庭氣氛就會弄僵，怨氣累積在心裡，反而形成了不定時炸彈。

（下頁續）

　　我家就不一樣，雖然不是每次都能皆大歡喜，但是不會有人不高興或不服氣。例如，妹妹想去遊樂園，我想去看電影，媽媽就會說：「今天時間比較長，比較適合去遊樂園，下次再找時間去看電影。」大家都欣然同意。

　　有一次，爸爸帶了兩個玩具回來，要妹妹先選，妹妹指著其中一個玩具說：「姐姐喜歡藍色，藍色的小熊給她。」因為爸爸、媽媽利用理性的方式溝通，無形中也讓我們學會體貼別人的需求。所以，我和妹妹處理事情，也會為別人著想。

　　避免紛爭的方法有多種，但是有一個共通點，就是為別人著想，也就是不要把「我」擺在第一位。「我為人人，人人為我。」縮小自己，是我家氣氛和樂的不二法門。

大顯身手 ✈ ✳ ✳ ✳ ✳ ✳

第一關：句子變變變！

感嘆魔法庫

啊！喔！哼！喲！唉！唉！呸！
哦！天哪！唉唷！哎呀！天哪！
哇！糟了！嘿！哈！嗯！嘩！怪
了！媽呀！喝！哎！好呀！

 利用上面的魔法庫，將句子施上感嘆修辭魔法，改成感嘆句。

範例： 今天下了一場大雨。	✳ 今天下的雨真大啊！
妹妹打翻了墨汁。	✳
妳怎麼穿起了高跟鞋？	✳
她今天打扮得真漂亮。	✳
我好想念那些以前的好朋友。	✳

第二關：小小編劇家

 學會了感嘆修辭法，現在請各位小高手你來當個小小編劇家，利用感嘆
修辭法來描寫左邊方格指定的心情指數吧！

範例 疑惑	「咦！青綠色的那件洋裝被誰拿走了？」姊姊打開衣櫃，焦急的翻找著。
喜	
怒	
哀	
樂	

第三關：小小作家

 請寫出一篇文章，內容要使用感嘆修辭法，下方空格處可以畫圖喔！

題目：我的好朋友

　　沒有朋友是很寂寞的事情，每個人都有屬於自己知心的好朋友，當然，每個人的好朋友特徵都不太一樣，個性溫柔的、聰明伶俐的、高挑的、胖嘟嘟的⋯⋯統統都有。

　　我的好朋友名字是＿＿＿＿＿，他（她）的長相特徵是＿＿＿＿＿＿

每當他（她）開心時，＿＿＿＿＿＿＿＿＿＿＿＿＿＿＿＿＿＿＿＿＿＿

每當他（她）生氣時，＿＿＿＿＿＿＿＿＿＿＿＿＿＿＿＿＿＿＿＿＿＿

每當他（她）難過時，＿＿＿＿＿＿＿＿＿＿＿＿＿＿＿＿＿＿＿＿＿＿

　　擁有他（她）這麼一位好朋友，是一件最幸福的事情！希望我們的友誼能長長久久，一輩子都當好朋友。

請畫下好朋友的樣子！

修辭溫度計

 親愛的小朋友，活動已到尾聲，請檢核自己各項
能力的實踐狀況。統計自己努力的程度，記錄在
修辭溫度計上，並且想一想怎樣會更進步。

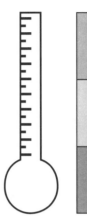

很好

普通

加油

學習成效檢核表

 請依照自己的學習成效用色筆在不同的表情上塗畫顏色。

	學習目標	經常做到	有時做到	很少做到
聽	⊙ 能概略聽出朗讀時優美的節奏	☺	😐	☹
說	⊙ 能簡要歸納聆聽的內容	☺	😐	☹
讀	⊙ 能流暢的朗讀出文章	☺	😐	☹
	⊙ 能讀出文章的抑揚頓挫與文章感情	☺	😐	☹
寫	⊙ 能理解並運用感嘆修辭的技巧	☺	😐	☹
	⊙ 能做文章接寫的活動	☺	😐	☹
	⊙ 能概略知道寫作的步驟（從收集材料到審題、立意、選材及安排段落、組織成篇）	☺	😐	☹
	⊙ 配合生活經驗，能寫出簡單的分段文章	☺	😐	☹
學習成效	⊙ 能經由觀摩、欣賞與分享，培養良好的寫作態度與興趣	☺	😐	☹
	⊙ 能將感嘆修辭應用在文章中	☺	😐	☹

一、感嘆達人

讚美：4、8　　　生氣：5、6　　　難過：2、3　　　不屑：7　　　快樂：1

二、修辭小偵探

文章中出現的感嘆句子

「滷肉飯！」

「我想要吃水餃！」

「吃水餃！水餃！水餃！」

「我不管，我要吃滷肉飯！」

「那我們到百貨公司的美食街好了！」

三、大顯身手

第一關：句子變變變！

範例：	
今天下了一場大雨。	今天下的雨真大啊！
妹妹打翻了墨汁。	天哪！妹妹竟然打翻了我的墨汁。
妳怎麼穿起了高跟鞋？	哎呀！妳怎麼突然穿起了高跟鞋？
她今天打扮得真漂亮。	哇！她今天看起來特別漂亮。
我好想念那些以前的好朋友。	唉！我真想念那些以前的好朋友。

第二關：小小編劇家

範例	「咦！青綠色的那件洋裝被誰拿走了？」姊姊一打開衣櫃，焦急的翻找著。
喜	太好了！我這一次總算如願考到第一名了！

怒	真可惡！哥哥竟然未經我的同意，就把我的書借給鄰居。
哀	唉！聽到他即將轉學的消息，我就難過得忍不住留下眼淚。
樂	耶！今年暑假爸爸計畫要帶全家出國旅行。

第三關：小小作家

> 我的好朋友名字是呂小靜，她的長相特徵是擁有一頭烏黑亮麗的長髮以及高高瘦瘦的身材。
>
> 每當她開心時，露出甜甜的酒窩，像極了一位美麗的仙子！讓周圍的同學都看得如癡如醉；每當她生氣時，彷彿一隻兇猛的母老虎！讓大家避之唯恐不及，深怕被她的怒氣遷怒；每當她難過時，彷彿不久後即將會下起「雷陣雨」，低壓似的情緒也使得我不知如何是好！

請畫下好朋友的樣子！

（略）

四、修辭溫度計

視情況作答

修辭大作戰 ___年__班__號 姓名：_____

誇飾修辭順口溜

世界第一他最棒，
十項全能樣樣強。
吹牛大王誰來當，
誇飾先生不敢讓。

在文章中使用「誇飾」修辭，是故意**誇大**或**縮小**事實，可以加深讀者的印象，強調作者所要表達的感覺。

誇飾修辭知多少

誇大：把要描寫的部分，誇大成原來的好幾倍。

　　如：1. 我餓到足以吞下一頭  了！

　　　　2. 你的臉好油，油到可以煎 了！

　　　　3. 你再胖下去， 都快被你壓垮了！

縮小：把要描寫的部分，比原來的縮小好幾倍。

　　如：1. 你唸課文的聲音小到只有 才聽得到。

　　　　2. 你走路的速度比 還慢。

　　　　3. 你太瘦了，  一吹就把你吹走了。

誇飾達人

 請你試著填寫出空格中的字，來完成這些古詩及成語。

使用誇飾法的古詩

1. 白髮＿＿＿＿＿＿＿，離愁似箇長。（李白　秋浦歌）

2. 兩岸猿聲啼不住，輕舟已過＿＿＿＿＿＿。（李白　早發白帝城）

成語中出現的誇飾修辭

＿＿＿山＿＿＿海　　　　沉＿＿＿落＿＿＿

力拔＿＿＿＿＿　　　　頂＿＿＿立＿＿＿

驚＿＿＿動＿＿＿　　　　＿＿＿枯＿＿＿爛

千山萬水　　　　　　　傾城傾國

　　看完了以上有關誇飾法的介紹，只要能完成下面有關誇飾修辭的挑戰，史上最強「誇飾」高手即將誕生！

修辭小偵探

 認識了誇飾修辭後，現在請找出文章中出現的誇飾修辭，並用有顏色的筆標示出來。

辛苦練琴進步多

國語日報／7版兒童園地／民國九十四年一月二十二日

◎黃鈺閔（台中縣南陽國小三年十六班）

剛開始時，我對琵琶一點興趣都沒有，但學久了，就覺得彈琵琶是很有趣的事，而且練習琵琶時，可以訓練耐心，老師也常說我進步神速，更讓我信心大增。

現在，我琵琶彈得越來越好了，為了鼓勵我，老師送我一大張貼紙，讓我高興得直想翻筋斗。最近，老師教的歌曲越來越多，也越來越難，但是每一首歌曲都很好聽，我一定要趕快學會，再請大家欣賞。

一次，我和同學一起上台表演，那時我很緊張，心臟差一點從口中跳出來。其中有一首我漏了一小節，當時大家都愣住了，不知道怎麼接，停頓了好一段時間，我才又繼續演奏下去。下台以後，我很懊惱，一直責怪自己為什麼不練熟一點！

老師說，我們演奏的缺點，就是拍子太快，聽起來不和諧。我一定要把這個缺點改掉，這樣，彈出來的歌曲才美妙、動聽。

你覺得你找到的誇飾修辭是屬於「誇大」還是「縮小」？

答：_____。

 換你寫寫看：

練習寫出「誇大」和「縮小」的句子。

誇大：_____。

縮小：_____。

大顯身手

 請使用誇飾修辭，填入下面短文中。

	所有孩子隨著波特的笛聲起舞，他的笛聲好聽到讓人彷彿置身天堂，河水不再流動，小鳥停止歌唱，全世界靜止了，只為了聆聽他的笛聲。
	螃蟹和章魚在沙灘上比賽丟球，沒想到，章魚才輕輕一丟，就把球丟到_____，螃蟹也不甘示弱，他輕輕一跳，竟然跳到_____。
	這是第_____次舉辦的龜兔賽跑了，每次都輸的烏龜，這次偷偷準備了祕密武器，就是輕輕一跳就可以_____，讓兔子在後面追得_____。

請用一、兩句話，並使用誇飾法來描述左邊框框中的人、事、物。

我們老師美得傾城傾國，沉魚落雁，像畫中走出來的仙子一樣。		

修辭溫度計

 親愛的小朋友，活動已到尾聲，請檢核自己各項能力的實踐狀況。統計自己努力的程度，記錄在修辭溫度計上，並且想一想怎樣會更進步。

很好

普通

加油

學習成效檢核表

請依照自己的學習成效用色筆在不同的表情上塗畫顏色。

	學習目標	經常做到	有時做到	很少做到
聽	⊙ 能概略聽出朗讀時優美的節奏	☺	😐	☹
	⊙ 能簡要歸納聆聽的內容	☺	😐	☹
說	⊙ 能討論閱讀的內容，分享閱讀的心得	☺	😐	☹
讀	⊙ 能流暢的朗讀出文章	☺	😐	☹
	⊙ 能讀出文章的抑揚頓挫與文章感情	☺	😐	☹
寫	⊙ 讀過後能記錄下想法與心得	☺	😐	☹
	⊙ 能在習寫過程中，正確的使用標點符號	☺	😐	☹
	⊙ 能學習觀察簡單的圖畫和事物，練習寫成一段文字	☺	😐	☹
	⊙ 能發揮想像力，嘗試創作	☺	😐	☹
學習成效	⊙ 能經由觀摩、欣賞與分享，培養良好的寫作態度與興趣	☺	😐	☹
	⊙ 能將誇飾修辭應用在文章中	☺	😐	☹

參考解答

一、誇飾達人

使用誇飾法的古詩

1. 白髮<u>三千丈</u>，離愁似箇長。
2. 兩岸猿聲啼不住，輕舟已過<u>萬重山</u>。

成語中出現的誇飾修辭

<u>人山</u>人海、<u>沉魚落雁</u>、力拔<u>山河</u>、<u>頂天立地</u>、<u>驚天動地</u>、<u>海枯石爛</u>

二、修辭小偵探

文章中出現的誇飾句子

<u>心臟差一點從口中跳出來。</u>

你找到的誇飾修辭是屬於「誇大」還是「縮小」

<u>找到的修辭屬於誇大。</u>

換你寫寫看：

誇大：<u>你的聲音大到快把我的耳膜震破了。</u>

縮小：<u>你的手指好細，比牙籤還細。</u>

三、大顯身手

請使用「誇飾」修辭，填入下面短文中。

◇ 螃蟹和章魚在沙灘上比賽丟球，沒想到，章魚才輕輕一丟，就把球丟到<u>月球</u>，螃蟹也不甘示弱，牠輕輕一跳，竟然<u>跳到外太空</u>。

◇ 這是第<u>一千零一次</u>舉辦的龜兔賽跑了，每次都輸的烏龜，這次偷偷準備了祕密武器，就是輕輕一跳就可以<u>跳到十萬八千多公里的地方</u>，讓兔子在後面追得<u>上氣不接下氣</u>。

使用誇飾法來描述左邊框框中的人、事、物。

老虎：這隻老虎的力氣大到可以把整座山搬起來。

蛇：這條蛇的尾巴長到可以繞地球十圈都不會斷。

綿羊：綿羊的毛白到發亮，亮到讓人張不開眼睛。

四、修辭溫度計

視情況作答

修辭大作戰

＿年＿班＿號　姓名：＿＿＿＿＿＿

類疊修辭順口溜

重複詞語寫文章，
大大小小、肥肥胖胖，
多麼自在、多麼瘋狂，
是誰是誰耍花樣？
類疊功效一級棒。

　　在說話或寫文章的時候，如將一個字、詞或句子重複使用，將使人更加深刻與明白，也使句子更有節奏感，這就是「類疊」！

類疊修辭知多少

疊字：連續重複使用同一個字詞。

如：1. 我祝你永遠都<u>快快樂樂</u>、<u>平平安安</u>。

2. 妹妹看起來總是<u>開開心心</u>的。

類字：同一個字詞間隔重複使用。

如：1. 媽媽的眼睛<u>多麼</u>慈愛、<u>多麼</u>溫柔。

2. <u>又</u>香<u>又</u>甜的水果真好吃。

疊句：連續重複使用同一個語句。

如：1. 放羊的小孩大聲說：「<u>狼來了！狼來了！</u>」

2. <u>過去了！過去了！</u>一切的誤會都說清楚了。

類句：同一個語句或相似的語句間隔重複使用。

如：1. <u>你是我心中的燈塔</u>，照耀我的心靈；<u>你是我心中的燈塔</u>，指引我的方向。

2. <u>我期待他有好表現</u>，所以我默默支持他；<u>我期待他有好表現</u>，因此我不放棄他。

類疊達人

請各位高手仔細分析下面類疊法的使用。屬於疊字的填「1」、類字的填「2」、疊句的填「3」、類句的填「4」。

1.(　)他剛剛睡醒，一副昏昏沉沉的樣子。

2.(　)小雨淅瀝淅瀝下個不停。

3.(　)你知道我花了多少時間，走了多少的路，才抵達這裡嗎？

4.(　)一大片！一大片！滿是爭奇鬥艷的杜鵑花。

5.(　)是誰？是誰？把大地裝飾成一片銀白。

6.(　)媽媽的愛，為我們擋風遮雨；媽媽的愛，製造滿屋的溫馨。

7.(　)再見了！我的家人。再見了！我的故鄉。

8.(　)媽媽狠狠的打了他一頓。

9.(　)警察大喊：「不要跑！不要跑！」

10.(　)爸爸煮的菜又香又好吃。

修辭小偵探

 看完類疊修辭介紹，現在請找出文章中出現的類疊修辭，並用有顏色的筆標示出來。

探訪小琉球

國語日報／10版兒童園地／民國九十六年四月二十三日
◎陳芷慧（台北市大安國小六年五班）

「哇！這是魔鬼海膽，刺好尖呵！」「你看，你看！有海星耶！」一陣陣的尖叫聲此起彼落，原來潮間帶有那麼多的小生命啊！

去年暑假，我們一家人和朋友一起搭船前往探訪小琉球。小琉球位於台灣西南的海上，全島都是珊瑚礁地形，可以看見各式各樣的珊瑚礁。例如小琉球的地標——花瓶石，就佇立在前方不遠的海域。

一上了岸，我們先騎機車到處遊玩。我們發現了長得像白熊的珊瑚礁，還有因為外型相似而命名的爬山虎、紅番石和觀音石等。大自然的力量不容小覷，竟然也能雕塑這麼完美的作品。

接著，我們搭上了半潛艇。半潛艇的最大特色是船身分為上下兩層，上層在海面，下層在水面下。從窗戶望出去，窗外是和水面上截然不同的美麗世界，許多小魚自由自在、無拘無束的游來游去。我好想加入小魚的行列呀！一隻大海龜從我們眼前游了過去，大家都驚呼一聲，興奮得大叫起來。徜徉在海中世界，隔著一扇窗戶和魚兒作伴，是多麼新奇、美好的感覺！

（下頁續）

　　沒想到，接下來探索潮間帶的活動，更讓我驚奇不已呢！我和妹妹發現一隻海星在石頭縫隙裡休息。這是我第一次看見海星，就跟我們平常畫的星星一模一樣呢！我們往前走，看見海葵正在吃陽隧足，陽隧足怎麼樣也逃不掉。我們只能眼睜睜看著牠被吃掉。無意間，我往後一看，看見一隻小動物全身是血，嚇得我不知所措，以為是誰誤踩到了牠，趕緊上前看，沒想到爸爸卻哈哈大笑說：「這是海兔的自衛絕招啦！」我們還看見了許多不同種類的海膽，小琉球的潮間帶生態真豐富。

　　小琉球有清澈的海水，海面下有很多台灣難得一見的美麗景觀，潮間帶更有很多等待我們去挖掘的寶藏。這次旅程讓我認識了不少魚類和海洋生物，也獲得很多新知識，探索的過程新奇而有趣。大自然為我們上了一堂精采的課程，我真該好好謝謝它。

 # 搜索大進擊

這篇文章出現了「三種」類疊修辭的句子，請分類好寫在下列的格子內：

疊字	例：一陣陣的尖叫聲此起彼落。
類字	
疊句	

大顯身手

認識類疊法後，只要能完成下面有關類疊修辭的挑戰，史上最強「類疊」高手即將誕生！

暖身操： 下列成語皆運用類疊修辭法。請填寫空格。

1	形容說話不直接，內有隱情的樣子。	吞吞（	）（	）	
2	力求技能進步再進步。	（	）益求（	）	
3	形容興味濃厚。	（	）（	）有味	
4	比喻彼此心意互通。	（	）（	）相印	
5	非常謹慎，不敢疏忽。	小心（	）（	）	
6	每戰必勝。	（	）戰（	）勝	
7	各方面都照顧到。	（	）（	）俱到	
8	利用對方的計策，順水推舟，反施其計。	將（	）就（	）	
9	沒有法紀天理。形容人明目張膽，橫行無忌。	（	）法（	）天	
10	言論或文章長篇大論。	（	）（	）灑灑	

第一關

我躺在墾丁的沙灘上，看著藍色的天空以及藍色的大海，幾乎忘了所有的煩惱，心情好舒暢、快活！那海風吹來，感覺多麼輕鬆、自在！

小試身手

我躺在墾丁的沙灘上，看著＿＿＿＿＿的天空以及＿＿＿＿＿的大海，幾乎忘了＿＿＿＿＿煩惱，心情又＿＿＿＿＿又＿＿＿＿＿！那＿＿＿＿＿海風吹來，感覺多麼＿＿＿＿＿多麼＿＿＿＿＿。

我躺在墾丁的沙灘上，看著＿＿＿＿＿＿＿＿＿＿＿＿＿＿＿＿＿＿＿＿
＿＿＿＿＿＿＿＿＿＿＿＿＿＿＿＿＿＿＿＿＿＿＿＿＿＿＿＿＿＿＿＿＿＿
＿＿＿＿＿＿＿＿＿＿＿＿＿＿＿＿＿＿＿＿＿＿＿＿＿＿＿＿＿＿＿＿＿＿
＿＿＿＿＿＿＿＿＿＿＿＿＿＿＿＿＿＿＿＿＿＿＿＿＿＿＿＿＿＿＿＿＿＿
＿＿＿＿＿＿＿＿＿＿＿＿＿＿＿＿＿＿＿＿＿＿＿＿＿＿＿＿＿＿＿＿＿＿

第二關

小試身手

◇ 媽媽＿＿＿＿＿＿抱著小嬰孩，她感覺好＿＿＿＿好＿＿＿＿。

◇ 小嬰孩＿＿＿＿＿＿躺在媽媽懷裡，他感覺好＿＿＿好＿＿＿。

◇ 這幅圖讓人感到十分＿＿＿＿＿、十分＿＿＿＿＿。

請各位同學以「母親的愛」為題，利用類疊修辭寫出一篇短文。

母親的愛

　　母親是世界上最偉大的人。沒有了母親，我們就＿＿＿＿＿＿＿，沒有了母親，我們就＿＿＿＿＿＿＿。

　　母親的愛是＿＿＿＿＿＿＿，母親的愛是＿＿＿＿＿＿。當母親＿＿＿＿＿＿把孩子抱在自己的懷中，她希望盡自己的力量，讓手心中的孩子＿＿＿＿＿＿；她希望盡自己的力量，為手心中的孩子擋風擋雨。她們願意付出一切，只希望孩子可以＿＿＿＿＿＿、只希望孩子可以＿＿＿＿＿。母親的愛無所不在，無論你在哪裡，母親的＿＿＿＿＿就在那裡；無論你在哪裡，母親的＿＿＿＿＿就在那裡。

　　雨果曾說：「慈母的胳膊是慈愛構成的，孩子睡在裡面怎能不甜？」當我們在母親懷抱裡聆聽著搖籃曲漸漸長大時，我們從沒注意到母親的頭髮＿＿＿＿＿、母親的身影＿＿＿＿＿＿。在我們承載著母親的愛飛向屬於自己的天際時，怎能＿＿＿＿＿＿？

第三關

📷 請寫出一篇文章「同樂會」，內容要多多使用「類疊法」，下方空格處
可以畫圖喔！

同樂會

　　月考結束之後，老師宣布要舉辦同樂會，大家都好＿＿＿＿＿＿
好＿＿＿＿＿＿（類字），老師叫我們好好安排節目，大家開始七嘴八
舌的討論起來，有人希望＿＿＿＿＿＿＿＿＿、有人希望＿＿＿＿＿
＿＿＿＿、有人希望＿＿＿＿＿＿＿＿＿（類句），最後我們決定以
＿＿＿＿＿＿＿＿＿的方式來進行。

　　來了！來了！令人期待的同樂會終於來了！我們的心情又＿＿＿＿
又＿＿＿＿＿＿（類字）！我們吃了＿＿＿＿＿＿的點心，玩了＿＿
＿＿＿＿＿＿（疊字），正當我們＿＿＿＿＿＿時，老師突然告訴我們

_____

_____

_____

_____

_____

_____

_____

_____

_____

　　今天的同樂會讓我又哭又笑，我想我會永永遠遠記得這一天！

修辭溫度計

 親愛的小朋友，活動已到尾聲，請檢核自己各項
能力的實踐狀況。統計自己努力的程度，記錄在
修辭溫度計上，並且想一想怎樣會更進步。

很好
普通
加油

學習成效檢核表
 請依照自己的學習成效用色筆在不同的表情上塗畫顏色。

	學習目標	經常做到	有時做到	很少做到
聽	⊙ 能概略聽出朗讀時優美的節奏	☺	😐	☹
	⊙ 能簡要歸納聆聽的內容	☺	😐	☹
說	⊙ 能討論閱讀的內容，分享閱讀的心得	☺	😐	☹
讀	⊙ 能流暢的朗讀出本篇文章	☺	😐	☹
寫	⊙ 能理解並運用類疊修辭的技巧	☺	😐	☹
	⊙ 能做文章接寫的活動	☺	😐	☹
	⊙ 能概略知道寫作的步驟（從收集材料到審題、立意、選材及安排段落、組織成篇）	☺	😐	☹
	⊙ 配合生活經驗，能寫出簡單的分段文章	☺	😐	☹
學習成效	⊙ 能經由觀摩、欣賞與分享，培養良好的寫作態度與興趣	☺	😐	☹

參考解答

一、類疊達人：1、1、2、3、3、4、4、1、3、2

二、修辭小偵探

文章中出現的類疊修辭

你看，你看、一陣陣、各式各樣、自由自在、無拘無束、游來游去、一模一樣、眼睜睜、哈哈大笑

搜索大進擊

疊字：我們只能眼睜睜看著牠被吃掉。

　　　沒想到爸爸卻哈哈大笑說：「這是海兔的自衛絕招啦！」

類字：可以看見各式各樣的珊瑚礁。

　　　許多小魚自由自在、無拘無束的游來游去。

　　　就跟我們平常畫的星星一模一樣呢！

疊句：「你看，你看！有海星耶！」

三、大顯身手

暖身操

1.吞吞（吐吐）　2.（精）益求（精）　3.（津津）有味　4.（心心）相印
5.小心（翼翼）　6.（百）戰（百）勝　7.（面面）俱到　8.將（計）就
（計）　9.（無）法（無）天　10.（洋洋）灑灑

第一關

小試身手

我躺在墾丁的沙灘上，看著湛藍的天空以及無盡的大海，幾乎忘了惱人的煩惱，心情又開心又愉快！那微涼的海風吹來，感覺多麼放鬆多麼自得。

大顯身手

　　我躺在墾丁的沙灘上，看著來來往往的遊客，有的在打沙灘排球，有的在堆沙堡，每個人看起來都好開心、好自在。

第二關

小試身手

◇ 媽媽慈愛的抱著小嬰孩，她感覺好溫馨好滿足。

◇ 小嬰孩靜靜的躺在媽媽懷裡，他感覺好安全好幸福。

◇ 這幅圖讓人感到十分舒服、十分讚嘆。

大顯身手

母親的愛

　　母親是世界上最偉大的人。沒有了母親，我們就無法長大成人，沒有了母親，我們就無法生存在世上。

　　母親的愛是日月的光輝，母親的愛是無盡的海洋。當母親小心翼翼的把孩子抱在自己的懷中，她希望盡自己的力量，讓手心中的孩子成長茁壯；她希望盡自己的力量，為手心中的孩子擋風擋雨。她們願意付出一切，只希望孩子可以平安、只希望孩子可以健康。母親的愛無所不在，無論你在哪裡，母親的愛就在那裡；無論你在哪裡，母親的關懷就在那裡。

　　雨果曾說：「慈母的胳膊是慈愛構成的，孩子睡在裡面怎能不甜？」當我們在母親懷抱裡聆聽著搖籃曲漸漸長大時，我們從沒注意到母親的頭髮日漸斑白、母親的身影逐漸衰老。在我們承載著母親的愛飛向屬於自己的天際時，怎能不感念母親的恩惠呢？

第三關

同樂會

　　月考結束之後，老師宣布要舉辦同樂會，大家都好<u>開心</u>好<u>期待</u>，老師叫我們好好安排節目，大家開始七嘴八舌的討論起來了，有人希望<u>唱歌</u>、有人希望<u>跳舞</u>、有人希望<u>講笑話</u>，最後我們決定以<u>抽籤</u>的方式來進行。

　　<u>來了！來了！令人期待的同樂會終於來了！</u>我們的心情又<u>緊張</u>又<u>興奮</u>！我們吃了<u>一盤盤</u>的點心，玩了<u>各式各樣</u>不同的遊戲，正當<u>我們哈哈大笑時，老師突然告訴我們，她即將離開我們，到別的學校任教</u>，大家都非常捨不得老師。<u>因為老師，我們才懂得做人做事的道理，懂得要將心比心替別人著想</u>，聽到老師即將要離開我們的消息，班上好多同學都哭了，連我也不例外。

　　今天的同樂會讓我又哭又笑，我想我會永永遠遠記得這一天！

四、修辭溫度計

　　視情況作答

修辭大作戰 ＿＿年＿＿班＿＿號　姓名：＿＿＿＿＿＿

轉化修辭順口溜

萬物當人是擬人，說動思考樣樣能。
藉物傳情是擬物，趣味情意都兼顧，
具化抽象是形象，望形生義好想像，
轉化功夫學得好，談情說愛難不倒。

　　轉化又稱為「比擬」，是指在描寫一件事物時，轉變它原來
的性質，化成另一種事物而加以描寫。不僅能將「物」轉換擬化
為「人」，同時也可以將「人」比擬變成「物」，或是將「抽象
的」轉換成「具體的」。

轉化修辭知多少

擬人：把自然界的萬物當成人一樣，賦予它們生命，使它們能說話、有動作、會思考、有情感，這就是「擬人法」。

例如：太陽的臉紅起來了。

擬物：將人的外表動作或神情，藉著其他事物的比擬，讓它更有趣味；或者把一種事物想成是另一種事物，以加強作者想表達的情感。

例如：他的心房，終於開了一扇窗，有陽光照進去了。

形象：把「抽象」的事物當成「具體」的事物描寫，讓人有更深刻的感觸。

例如：我吃下媽媽做的早餐，也吃下母親的愛。

轉化達人

小朋友，看完轉化修辭的介紹，你是否有一些概念了呢？現在請你試著從句子中找出可以判斷「轉化法」的關鍵字或語詞，並用有顏色的筆在句子中做記號。

> 1. 我把記憶鎖入心房。
>
> 2. 春天什麼時候跨了門檻進來，我一點感覺也沒有。
>
> 3. 夢想讓人生亮了起來。
>
> 4. 沒有人打來，電話也變成啞巴了。
>
> 5. 少了朋友的消息，語音信箱瘦得只剩下孤單與寂寞。

小朋友，你能從句子中找出可以判斷「轉化法」的關鍵字或語詞嗎？是不是很容易呢？修辭不只應用在文章的句子中，在童詩中也可以找到應用修辭的寫法。請你從下面這首童詩中，找出有「轉化」修辭的語詞，並用有顏色的筆在句子中做記號。

順口溜　　　　　蚊子　陳淑霞

蚊子生來惹人嫌，專喝紅酒不付錢。
蚊香蚊拍來比狠，仍然難逃你香吻。
七手八腳一陣忙，揮之不去嗡嗡響。
待我使出如來掌，包你破肚又流腸。

修辭小偵探

小朋友，你感受到轉化修辭的魅力了嗎？現在請你試著從報紙的文章中找出「轉化」修辭，並用有顏色的筆標示出來。

雞蛋的新鮮風味

國語日報／7版兒童園地／民國九十六年四月十三日

◎江子元（台北市健康國小四年一班）

　　今年回銅鑼爺爺家過年，我最愛跑到伯母的菜園透透氣。除了四處逛逛，有時我發現菜葉上的咬痕，就小心翼翼尋找菜蟲的蹤影，抓到了幾隻菜蟲後，我如獲至寶的捧著他們跑到雞舍前餵雞。看著雞群吃得津津有味，是我最開心的時光，這些雞成了我的玩伴。有一次，我還走進雞舍抱起一隻母雞呢！

　　這次，再回銅鑼掃墓，我的玩伴們送給我一個驚喜，那就是——剛生下來的雞蛋！那時，我蹲在雞舍門口，手中抓著幾隻蝸牛，正要給雞群享受美味時，竟然看到稻草堆上有一顆蛋！我連忙跑進屋裡告訴伯母，伯母便進去雞舍把蛋拿了出來。這個蛋的顏色比市場買來的蛋深，摸起來溫溫熱熱的，是剛下的蛋哪！我心裡想：「如果把它帶回家，就有新鮮可口的荷包蛋可吃咯！」

　　我一路保護著這顆蛋回台北，一直期待著品嚐荷包蛋。終於，願望要實現了！「嗶！」一聲，蛋用最漂亮的姿勢滑入鍋中，還不時和葵花油跳起「啪啪舞」。幫蛋「翻身」時，它很「聽話」，媽媽一下子就知道這是新鮮的蛋，她說：「新鮮的蛋就是那麼『乖』。」

（下頁續）

　　香噴噴的荷包蛋上桌咯！我忍不住咬了一口蛋白，柔軟有彈性；又咬了一口蛋黃，濃濃的汁液湧入我的嘴裡，味道像少了甜味的蜂蜜，卻比蜂蜜更香、更令人回味無窮。蛋黃看來像陽光，蛋白看來像白雲，媽媽煎的荷包蛋是我心目中的「陽光餐」。我真捨不得一口氣把蛋吃完呢！這次，我品嚐到了雞蛋的新鮮風味；這次，我感受到了荷包蛋的陽光魅力！

◇ 你找到的句子屬於修辭中的（擬人、擬物、形象）轉化法。

◇ 請你試著練習寫出有「轉化」修辭的句子。

_____

_____

_____

大顯身手（一）

小朋友，從以上的練習中，你已經晉升為修辭小高手，該是你大顯身手的時候了。請你改寫下列有轉化修辭的語句，讓我們見識一下你的厲害吧！

1. 夢想讓人生亮了起來。（形象）

   ◇ 夢想讓人生（　　　　　　　　）起來。

2. 搖擺的小草正向我們招手。（擬人）

   ◇ （　　　　　　）的（　　　　　　）正向我們（　　　　　）。

3. 初生的嬰兒是剛升起的太陽。（擬物）

   ◇ 初生的嬰兒是（　　　　　　　　）的（　　　　　　　　）。

4. 在颱風的摧殘下，每一棵樹木，每一朵花兒，似乎都在哭泣。（擬人）

   ◇ 在（　　　　　　　　　　）下，每一棵樹木，每一朵花兒，似乎都
   在（　　　　　　）。

5. 小鳥飛過來，告訴我飛翔的快樂；花兒看著我，告訴我昨夜做的好夢。
   （擬人）

   ◇ 小鳥飛過來，告訴我（　　　　　　　　　　）；花兒看著我，告訴我
   （　　　　　　　　　　）。

6. 我們倆之間的感情，已經化為雲煙。（擬物）

   ◇ 我們倆之間的感情，已經（　　　　　　　　）。

7. 玫瑰有如美麗的少女，露出她那粉紅色的笑臉。（擬人）

   ◇ 玫瑰有如（　　　　　　　　），露出她那（　　　　　　　　）。

8. 大地展開他的胸懷，散發他的熱情。（擬人）

   ◇ 太陽（　　　　　　）他的（　　　　　　　　），散發他的（　　　　　　）。

9. 那種炙熱難耐的感覺，足以將冰山融化掉。（形象）

   ◇ 那種（　　　　　　　　）的感覺，足以將（　　　　　　　　　　）。

10. 淘氣的雨滴，總喜歡在雨傘上熱情地跳舞。（擬人）

    ◇ （　　　　　　　　）的雨滴，總喜歡在雨傘上（　　　　　　　　）。

大顯身手（二）

小朋友，以上的練習中，你的表現是不是得心應手呢？現在請你從圖片中，發揮你的想像力，用一兩個運用轉化法的句子，完整的描寫出圖片想表達的寓意，讓我們見識一下你的超能力吧！

提示：錢如果不見了，我們的心情想必不太好，可以如何轉化說明呢？

例句：前幾天，我和媽媽逛菜市場時遇上了扒手，媽媽皮包裡的錢就這麼不翼而飛了，她難過得心在淌血。

提示：一包東西以極快的速度落下，會發生什麼情況呢？請你用「轉化」修辭描寫一下吧！

例句：今天我在路上親眼看到一個紙箱從樓上掉落，它又重又快，將一樓遮雨棚砸出一個大洞，幸好沒有人受傷。不過，大家都被這突如其來的炸彈，嚇得心臟都快要跳出來了。

修辭溫度計

親愛的小朋友，活動已到尾聲，你對於修辭中的轉化法是否有更進一步的認識了呢？請你自我檢核各項能力的實踐狀況，統計自己努力的程度，記錄在修辭溫度計上，並且想一想怎樣會更進步。

很好
普通
加油

學習成效檢核表

請依照自己的學習成效用色筆在不同的表情上塗畫顏色。

	學習目標	經常做到	有時做到	很少做到
聽	⊙ 能概略聽出朗讀時優美的節奏	☺	😐	☹
	⊙ 能簡要歸納聆聽的內容	☺	😐	☹
說	⊙ 能說出文章的主旨及大意	☺	😐	☹
	⊙ 能討論閱讀的內容，分享閱讀的心得	☺	😐	☹
讀	⊙ 能流暢的朗讀出 200 字以上的文章	☺	😐	☹
	⊙ 能讀出文章的抑揚頓挫與文章感情	☺	😐	☹
寫	⊙ 能理解並運用轉化修辭的技巧	☺	😐	☹
	⊙ 能學習觀察簡單的圖畫和事物，練習寫成一段文字	☺	😐	☹
學習成效	⊙ 學會資料剪輯、摘要和整理的能力	☺	😐	☹
	⊙ 能經由觀摩、欣賞與分享，培養良好的寫作態度與興趣	☺	😐	☹

參考解答

一、轉化達人

找出「轉化法」的關鍵字或語詞

1. 我把記憶<u>鎖</u>入心房。

2. 春天什麼時候<u>跨</u>了門檻進來，我一點感覺也沒有。

3. 夢想讓人生<u>亮</u>了起來。

4. 沒有人打來，電話也變成<u>啞巴</u>了。

5. 少了朋友的消息，語音信箱<u>瘦</u>得只剩下<u>孤單</u>與<u>寂寞</u>。

順口溜

蚊子生來惹人嫌，專喝<u>紅酒</u>不付錢。

蚊香蚊拍來比狠，仍然難逃你香吻。

七手八腳一陣忙，揮之不去<u>嗡嗡</u>響。

待我使出<u>如來掌</u>，包你破肚又流腸。

二、修辭小偵探

<u>這些雞成了我的玩伴。</u>（擬人）

<u>蛋用最漂亮的姿勢滑入鍋中，還不時和葵花油跳起「啪啪舞」。</u>（擬人）

<u>幫蛋「翻身」時，它很「聽話」。</u>（擬人）

<u>媽媽煎的荷包蛋是我心目中的「陽光餐」。</u>（形象）

三、大顯身手（一）

1. 夢想讓人生（飛了）起來。

2. （搖擺）的（小花）正向我們（道別）。

3. 初生的嬰兒是（剛發芽）的（種子）。

4. 在（寒風的吹拂）下，每一棵樹木，每一朵花兒，似乎都在（發抖）。

5. 小鳥飛過來，告訴我（陽光的溫暖）；花兒看著我，告訴我（春天的美好）。

6. 我們倆之間的感情，已經（降到冰點）。

7. 玫瑰有如（嬌豔的少女），露出她那（柔媚的笑容）。

8. 太陽（露出）他的（笑容），散發他的（光芒）。

9. 那種（冰涼寒冷）的感覺，足以將（岩漿瞬間結冰）。

10.（調皮）的雨滴，總喜歡在雨傘上（溜滑梯）。

四、大顯身手（二）

1. 他皮包裡的錢弄丟了，看來他想要去渡假的美夢也泡湯了。

2. 那只箱子從空中落下，掉落在叢林中，小動物們慌亂逃竄，整個森林似乎都醒了過來。

五、修辭溫度計

視情況作答

修辭大作戰

___年___班___號　姓名：_____

摹寫修辭順口溜

看遍世界的美景，
聽見自然的樂音，
山珍海味都嚐盡，
五官感覺皆有情。

　　為了讓內容更生動、讀者產生更真實的印象，常常會用「摹寫」修辭，把事物的外貌、聲音、味道、觸感等等，主觀、具體的描述出來，即為摹寫法。

摹寫修辭知多少

 摹寫修辭分為以下五類：

種類	意義	範例	
視覺摹寫	將眼睛看到的事物，包含形狀、大小、顏色等等描寫出來。		化妝舞會現場，有人身著黑壓壓的吸血鬼披風，臉戴黃澄澄的南瓜面具；有人裝扮成巫婆，手拿著比人還要高的掃帚。
聽覺摹寫	將耳朵聽到的聲音，真實的描述出來。		大雨過後，寧靜的池塘裡出現青蛙「嘓嘓嘓」的叫聲，譜出了好聽的樂曲。
嗅覺摹寫	將聞到的氣味，真實的描摹出來。		海風吹來，空氣中帶著鹹鹹的味道；浪花打來，海洋的鮮味直衝腦門。
味覺摹寫	將嘴巴嚐到的酸、甜、苦、辣等等滋味描述出來。		酸中帶辣的漢堡、香酥可口的薯條、檸檬口味的紅茶，是我們小朋友的最愛。
觸覺摹寫	將手、肌膚接觸到的感覺，描述出來。		在天寒地凍的雪地，手裡堆著冰冰涼涼的雪人，心裡卻有一股暖意。

摹寫達人

 下列句子屬於何種摹寫法，請將號碼填在下面適當的空格中。

❶ 媽媽將成熟的柚子擺在客廳，聞著它滿室清香。

❷ 撥開橘子，那酸中帶甜的果肉簡直是人間極品。

❸ 當春天來臨，油菜花開出的黃色花簇，總是蜂蝶縈繞。

❹ 比起碩壯的榕樹和繽紛的杜鵑花叢，樹身不高、開小白花的柚子樹毫不起眼。

❺ 麻雀一早睡醒，「吱吱喳喳」叫個不停，討論哪家的芭樂已經成熟了。

❻ 秋天的月亮，皎潔而明亮，為秋夜增添了一份神秘感。

❼ 剛出爐的牛角麵包，濃郁的香味傳遍鎮上。

❽ 小耳朵餅乾咬起來脆脆、香香的，讓我忍不住一口接著一口。

❾ 寒冷的冬天，圍著媽媽織的圍巾，就覺得好溫暖。

❿ 阿媽三合院裡飼養的公雞，每天清晨都準時的「咕咕咕」報時。

⓫ 在風的吹動下，一整片金黃的稻穗就像一波波金色海浪。

⓬ 鮮嫩多汁的炒蛤蜊，酥酥脆脆的炸排骨，是媽媽的拿手菜。

⓭ 木棉樹刺刺的樹皮，與白千層軟軟的樹皮，真有天壤之別。

⓮ 原本清澈的河流不再乾淨，翠綠的山谷也變成垃圾山，美麗的風景一天比一天減少。

視覺摹寫	聽覺摹寫	嗅覺摹寫	味覺摹寫	觸覺摹寫

 # 古詩欣賞

古代文人巧妙的運用摹寫修辭，讓人有身歷其境的感覺，你能判斷出
是運用什麼種類的摹寫法嗎？

宋　王安石 《梅花》

牆角數枝梅，	牆角有幾枝梅花，
凌寒獨自開。	獨自冒著隆冬嚴寒開放了。
遙知不是雪，	遠遠便知道它不是雪，
為有暗香來。	因為我聞到了梅花陣陣飄送過來的幽香啊！

本首詩運用（　　　　　）摹寫、（　　　　　）摹寫。

宋　蘇軾 《惠崇畫春江晚景》

竹外桃花三兩枝，	竹林外邊兩三枝桃花初開綻放，
春江水暖鴨先知。	春天的江水變得暖和了，鴨子最先感覺到。
蔞蒿滿地蘆芽短，	蔞蒿遍地生長著，蘆葦的嫩芽剛剛吐出，
正是河豚欲上時。	恰好正是河豚將要浮上水面的時候。

本首詩運用（　　　　　）摹寫、（　　　　　）摹寫。

修辭小偵探

 請搜索出文章中出現的摹寫句子，並用有顏色的筆標示出來！

雨天回憶多

國語日報／7版兒童園地／民國九十六年二月十三日
◎陳庭嬅（南投縣竹山國小三年菊班）

　　從小我就喜歡下雨天，因為雨天讓天氣變得涼爽，而且雨就像指揮家，它開始滴答滴答，動物們就開起演奏會，讓人聽了很舒服。

　　一天下午，忽然下起傾盆大雨。雨嘩啦嘩啦喚醒了睡夢中的我，雨聲中還夾雜著「嘓！嘓！嘓！」的蛙鳴，蟋蟀也加入了這場音樂會，我悄悄的靠近窗邊，靜靜聽著這場難得的音樂會。

　　我最喜歡下雨天，記得小時候，媽媽會撐著傘，牽著我的手到外頭散步，我們一邊說笑，一邊享受著清新的空氣。

　　走著走著，我們發現路旁的小姑婆芋，便蹲下來觀看，發現葉上垂掛著一些晶瑩剔透的小水珠，葉子也呈現乾淨翠綠的顏色。我頑皮的伸出小手碰碰那些葉子，小水珠就滴滴答答的一顆顆掉落下來，滲進土裡，感覺真神奇！小水珠一下子就不見了，抬起頭，我看見媽媽正溫柔的對我微笑。

　　我最喜歡下雨天了，因為不管雨下得多大，雨後總是會出現陽光，而且雨天有很多我和媽媽的回憶！

 搜索大進擊

這篇文章出現了「四種」摹寫修辭的句子，請分類好寫在下列格子內。

觸覺摹寫	從小我就喜歡下雨天，因為雨天讓天氣變得涼爽。
嗅覺摹寫	
（ ）摹寫	
（ ）摹寫	

大顯身手

請綜合運用摹寫修辭法（視覺、聽覺、嗅覺、味覺、觸覺），接寫完成下列文章。

二十二世紀的大野狼與老紅帽

　　二十二世紀森林裡，住著遠近馳名的老紅帽，她仍舊穿著一件＿＿＿＿＿＿＿＿＿＿＿＿＿（視覺）洋裝，唯一不同的是，時間經過一百年，她變得＿＿＿＿＿＿＿＿＿＿（視覺）；而大野狼不改貪吃的性格，三番兩次想要吃掉老紅帽。

　　聽說老紅帽的女兒——花紅帽感冒了，老紅帽決定去探望女兒和外孫女——點點紅帽，她準備了營養美味的香菇雞、＿＿＿＿＿＿＿＿＿＿＿＿＿＿＿和＿＿＿＿＿＿＿＿＿＿＿＿＿＿＿（味覺），懷著愉悅的心情出發。沿路上風光明媚，＿＿＿＿＿＿＿＿＿＿＿（視覺）的花兒綻放，蒼翠的樹木高聳入雲，枝頭上的小鳥齊聲「＿＿＿＿＿＿＿＿＿＿＿」（聽覺）的合唱，陽光照在身上感

（下頁續）

覺＿＿＿＿＿＿＿＿＿＿（觸覺），還有森林芬多精和著泥土的芬芳（嗅覺）……老紅帽盡情的享受著森林浴。一百零四歲的老紅帽記憶力不好，在興奮之餘迷路了，虎視眈眈的大野狼此時出現，假裝熱心的跟老紅帽指點迷津，其實是要老紅帽繞更遠的路，讓自己有充裕的時間到花紅帽家吃掉家人。

　　大野狼狼吞虎嚥的吞下花紅帽、點點紅帽後，佯裝成女兒的樣子躺在病床上，等待老紅帽自投羅網。「＿＿＿＿＿＿＿＿」（聽覺）敲門聲響起，大野狼要老紅帽自己進來。當老紅帽看到女兒的細長耳朵時，就對她說：「女兒啊女兒，妳的耳朵什麼時候變得這麼長呀？」大野狼回答：（以下文章至少要運用到一種摹寫法）＿＿＿＿＿＿＿＿＿＿＿＿＿

＿＿＿＿＿＿＿＿＿＿＿＿＿＿＿＿＿＿＿＿＿＿＿＿＿＿＿＿＿＿

＿＿＿＿＿＿＿＿＿＿＿＿＿＿＿＿＿＿＿＿＿＿＿＿＿＿＿＿＿＿

＿＿＿＿＿＿＿＿＿＿＿＿＿＿＿＿＿＿＿＿＿＿＿＿＿＿＿＿＿＿

＿＿＿＿＿＿＿＿＿＿＿＿＿＿＿＿＿＿＿＿＿＿＿＿＿＿＿＿＿＿

＿＿＿＿＿＿＿＿＿＿＿＿＿＿＿＿＿＿＿＿＿＿＿＿＿＿＿＿＿＿

＿＿＿＿＿＿＿＿＿＿＿＿＿＿＿＿＿＿＿＿＿＿＿＿＿＿＿＿＿＿

＿＿＿＿＿＿＿＿＿＿＿＿＿＿＿＿＿＿＿＿＿＿＿＿＿＿＿＿＿＿

＿＿＿＿＿＿＿＿＿＿＿＿＿＿＿＿＿＿＿＿＿＿＿＿＿＿＿＿＿＿

＿＿＿＿＿＿＿＿＿＿＿＿＿＿＿＿＿＿＿＿＿＿＿＿＿＿＿＿＿＿

修辭溫度計

 親愛的小朋友，你了解什麼是摹寫修辭嗎？會在文句上使用摹寫修辭嗎？請統計自己努力的程度，記錄在修辭溫度計上。最後想想要怎麼做會更進步喔！

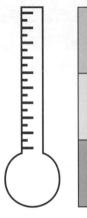

很好
普通
加油

學習成效檢核表

請依照自己的學習成效用色筆在不同的表情上塗畫顏色。

	學習目標	經常做到	有時做到	很少做到
聽	⊙ 能概略聽出朗讀時優美的節奏	☺	😐	☹
說	⊙ 能說出文章的大意	☺	😐	☹
	⊙ 能討論閱讀的內容，分享閱讀的心得	☺	😐	☹
讀	⊙ 能流暢的朗讀出文章、古詩	☺	😐	☹
	⊙ 能讀出文章的抑揚頓挫與感情	☺	😐	☹
	⊙ 能分辨報紙文章為記敘文	☺	😐	☹
寫	⊙ 能理解並運用摹寫修辭的技巧	☺	😐	☹
	⊙ 能夠造出摹寫的句子	☺	😐	☹
	⊙ 能發揮想像力，嘗試創作，完成簡單分段文章	☺	😐	☹
學習成效	⊙ 能經由觀摩、欣賞與分享，培養良好的寫作態度與興趣	☺	😐	☹

參考解答

一、摹寫達人：

視覺摹寫：❸、❹、❻、⓫、⓮

聽覺摹寫：❺、❿

嗅覺摹寫：❶、❼

味覺摹寫：❷、❽、⓬

觸覺摹寫：❾、⓭

古詩欣賞

1. 王安石《梅花》運用了（視覺）摹寫、（嗅覺）摹寫。

2. 蘇軾《惠崇畫春江晚景》運用了（視覺）摹寫、（觸覺）摹寫。

二、修辭小偵探：請參考下題「搜索大進擊」解答。

搜索大進擊

觸覺摹寫	從小我就喜歡下雨天，因為雨天讓天氣變得涼爽。
嗅覺摹寫	我們一邊說笑，一邊享受著清新的空氣。
（聽覺）摹寫	雨嘩啦嘩啦喚醒了睡夢中的我，雨聲中還夾雜著「嘓！嘓！嘓！」的蛙鳴，蟋蟀也加入了這場音樂會，我悄悄的靠近窗邊，靜靜聽著這場難得的音樂會。
（視覺）摹寫	我們發現路旁的小姑婆芋，便蹲下來觀看，發現葉上垂掛著一些晶瑩剔透的小水珠，葉子也呈現乾淨翠綠的顏色。我頑皮的伸出小手碰碰那些葉子，小水珠就滴滴答答的一顆顆掉落下來，滲進土裡，感覺真神奇！

三、大顯身手

二十二世紀的大野狼與老紅帽

　　二十二世紀森林裡，住著遠近馳名的老紅帽，她仍舊穿著一件有蕾絲邊的紅色洋裝，唯一不同的是，時間經過一百年，她變得老態龍鍾，身材圓潤，森林裡的小朋友都稱呼她為紅帽奶奶；而大野狼不改貪吃的性格，三番兩次想要吃掉老紅帽。

　　聽說老紅帽的女兒——花紅帽感冒了，老紅帽決定去探望女兒和外孫女——點點紅帽，她準備了營養美味的香菇雞、滑溜順口的山藥湯和滋補養身的藥燉排骨，懷著愉悅的心情出發。沿路上風光明媚，五顏六色的花兒綻放，蒼翠的樹木高聳入雲，枝頭上的小鳥齊聲「吱吱喳喳」的合唱，陽光照在身上感覺暖暖的，還有森林芬多精和著泥土的芬芳……老紅帽盡情的享受著森林浴。一百零四歲的老紅帽記憶力不好，在興奮之餘迷路了，虎視眈眈的大野狼此時出現，假裝熱心的跟老紅帽指點迷津，其實是要老紅帽繞更遠的路，讓自己有充裕的時間到花紅帽家吃掉家人。

　　大野狼狼吞虎嚥的吞下花紅帽、點點紅帽後，佯裝成女兒的樣子躺在病床上，等待老紅帽自投羅網。「叩！叩！叩！」敲門聲響起，大野狼要老紅帽自己進來。當老紅帽看到女兒的細長耳朵時，就對她說：「女兒啊女兒，妳的耳朵什麼時候變得這麼長呀？」大野狼回答：「因為我要聽清楚媽媽的聲音呀！」老紅帽又問：「那妳的眼睛怎麼這麼大？」「因為媽媽來看我，我當然要提起精神睜大眼睛看清楚您呀！」老紅帽心想：怎麼如此熟悉？這不就是一百年前貪吃的大野狼對我說過的話嗎？老紅帽提高警覺，再看那鼓鼓的肚子，大概知道女兒、孫女的遭遇了。大野狼說：「您怎麼不問我嘴巴

（下頁續）

怎麼又尖又長？嘿嘿，那是因為我要吃掉妳呀！」說完立刻從床上撲向老紅帽，但是老紅帽機靈的閃開並往屋外跑，跑到三隻小豬的磚塊屋猛敲門求救，豬小弟隨即開門讓老紅帽躲進屋內。三隻小豬和老紅帽立即研商對策，決定在煙囪內塗滿牛油，下面放一個麵粉袋；屋外大野狼正拚命的吹氣，卻怎麼也吹不倒堅固的磚塊屋，他重施故技，爬到煙囪口，放下繩子試探有無煮沸的熱水，心想太棒了，這次可以順利的進去囉！當大野狼腳一踏進煙囪，就像穿上溜冰鞋一樣重心不穩的滑進了麵粉袋裡，暈了過去。

　　老紅帽和三隻小豬好興奮，趕緊拿出剪刀秀出作裁縫的本領，先把花紅帽和點點紅帽從大野狼的肚子裡救出來，然後在縫合肚皮的過程中，縫上偌大的幾個字──「我是貪吃的大野狼！」當大野狼醒來發現肚皮上的字，困窘狼狽的落荒而逃了。從此紅帽家族和三隻小豬就變成患難與共的好朋友，快樂的在森林裡過著無憂無慮的日子了。

四、修辭溫度計

視情況作答

修辭大作戰 ___年 ___班 ___號　姓名：_____

> ## 排比修辭順口溜
>
> 句子排排站一起，
> 動作整齊又劃一。
> 紅衣綠裙黑眼睛，
> 排比功效真神奇。

　　在說話或寫文章的時候，我們為了加強句子表達的效果，讓內容更豐富，常常會利用三個或三個以上結構相似的語句排列在一起，也就是「排比修辭」的特性。

排比修辭知多少

 結構相似的短語接二連三的組成

如：1. 這兒有雄偉的高山、清幽的山谷、浩瀚的海洋，堪稱
　　　為美麗的桃花源。

　　2. 粉紅的杜鵑、雪白的玉蘭、鮮黃的向日葵，正在花園
　　　綻放著。

 結構相似的單句接二連三的組成

如：1. 這裡的房子越蓋越多，花園越建越美麗，交通越來越方便。

　　2. 一日之計在於晨，一年之計在於春，一生之計在於勤。

 結構相似的複句接二連三的組成

如：1. 下課是歡樂時光。操場旁，有人在扯鈴；跑道上，有人在接力；榕樹
　　　下，有人在跳繩。

　　2. 繽紛的花園中，有蝴蝶在飛舞；清澈的河流中，有白鵝在戲水；幽靜
　　　的山谷裡，有鳥兒在飛翔。

排比達人

請各位高手把屬於排比修辭的句子打✓。

1.（ 　）大雨過後，池塘變成了「游泳池」。

2.（ 　）她們兩個人雖不是姊妹，卻有著相同的身材，相同的個性，相同的興趣。

3.（ 　）我的媽媽有著和藹的臉龐，溫柔的雙手，善良的內心。

4.（ 　）老師稱讚同學用心打掃，教室的地板像鏡子一樣閃閃發亮。

5.（ 　）我們不知道花了多少時間，走了多少路程，流了多少汗水，才到達終點。

6.（ 　）從城市到鄉村，從高山到平原，從沙漠到海洋，林義傑先生不畏艱難跑完全程，是國人的榮耀。

7.（ 　）中獎了！爸爸中了樂透兩百萬元！

8.（ 　）燕子去了，有再來的時候；楊柳枯了，有再青的時候；桃花謝了，有再開的時候。（朱自清《匆匆》）

9.（ 　）花兒喜歡陽光，花兒在陽光下綻放；鳥兒喜歡藍天，鳥兒在藍天中飛翔；孩子喜歡媽媽，孩子在媽媽的手心裡成長。

10.（ 　）他的頭髮又黑又亮，彷彿是夜晚的星空。

修辭小偵探

 看完了排比修辭介紹，現在請找出文章中出現的排比修辭，並用有顏色的筆標示出來。

校際交流真有趣

國語日報／10版兒童園地／民國九十五年十月二十四日
◎林昕緯（台北市忠孝國小五年丙班）

　　今天早晨很不一樣。我們即將前往南投縣信義鄉的「羅娜國小」，進行特別的校際交流活動。群山環繞的羅娜國小以布農族小朋友為主，學生一百多人，是全省數一數二的大型原住民國小。

　　才一進校園，我就被這美麗風景給吸引了，蒼綠的樹、高聳的山和嶄新的校舍，一一呈現在我面前，頓時讓我愣住了！

　　熱情的朋友跳了輕快的迎賓舞。緊接而來的是刺激的體育競賽，我們這群都市佬，樣樣輸給這群山中的小朋友。賽跑時，他們像敏捷的美洲豹，我們像慢吞吞的烏龜，苦苦的追趕；拔河時，他們像力大無窮的大象，我們像沒吃飯的老鼠，被他們拉過來拉過去。

　　接著，我們玩起「鬼捉人」、「真心話、大冒險」等遊戲，他們的熱情感染了我們，不一會兒大家已經成為「麻吉好朋友」，好快樂呀！

　　我和新交的朋友手牽手，到羅娜社區逛一逛。

　　「咦！那是什麼？」

　　「我們要去哪裡呢？」

（下頁續）

朋友一一為我們解開心中的疑問。我知道那是「竹簍」，獵人用來裝獵物；我知道我們要到山頂欣賞風景，我知道……

呼！晚餐時間終於到了，我可餓壞了。遠遠的就聞到陣陣烤乳豬的香味。

今天的晚餐是竹筒飯配烤乳豬，這可是第一次品嚐烤乳豬，一定得好好吃幾盤。

「喀！」當我咬下第一口，我簡直是被美味給「征服」了。真是天下第一美食。同學們都吃得津津有味，讚不絕口，一盤接一盤。竹筒飯的滋味也令人難以忘懷，一口烤乳豬加上一口竹筒飯，更好吃。

不過，最特別的還是原住民的吃飯方式。他們認為「用手吃，才是最好吃的」。所以，我想試試看，嗯！真不錯！難怪，以前的原住民（現在也有少部分的原住民）很多都是用手，一口抓一口吃的哩！

晚上，我們舉辦「綠光森林晚會」。我們獻上本校林主任用「蘭花草」曲調做的一首歌，歌詞如下：「我從台北來，帶來情和愛。友情和可愛，就是我們的 style。獻上紀念牌，還有 DV 帶。羅娜好招待，讓我們好期待。」羅娜國小的小朋友也熱情的回應我們，跳了一支舞，真精采。

今晚真特別，讓我熱淚盈眶，讓我興奮莫名，讓我畢生難忘……感謝這群山中朋友帶給我一次新的體驗。

大顯身手

認識排比法後，只要能完成下面有關排比修辭的挑戰，史上最強「排比」高手即將誕生！

第一關

　　才一進校園，我就被這美麗風景給吸引了，蒼綠的樹、高聳的山和嶄新的校舍，一一呈現在我面前，頓時讓我愣住了！

小試身手

　　才一進校園，我就被這美麗風景給吸引了，_____的_____、_____的_____和_____的_____，一一呈現在我面前，頓時讓我愣住了！

更上層樓

　　才一進_____，我就被這_____給吸引了，_____的_____、_____的_____和_____的_____，一一呈現在我面前，頓時讓我愣住了！

第二關

賽跑時，他們像敏捷的美洲豹，我們像慢吞吞的烏龜，苦苦的追趕；拔河時，他們像力大無窮的大象，我們像沒吃飯的老鼠，被他們拉過來拉過去。

💙 小試身手

賽跑時，他們像_____的_____，我們像_____的_____，苦苦的追趕；拔河時，他們像_____的_____，我們像_____的_____，被他們拉過來拉過去。

💙 更上層樓

請各位同學以「運動會」為題，寫出一段文章。

運動會

　　今天是學校二十週年校慶，這場隆重的活動籌備已久。同學們個個摩拳擦掌，蓄勢待發，準備在各項體育競賽中大顯身手。青隊與黃隊每年都拚個你死我活，今年也不例外：_____時，青隊像_____的_____，黃隊像_____的_____，不相上下；_____時，青隊像_____的_____，黃隊像_____的_____，兩隊莫不全力以赴。我自己則是參加_____

_____

_____

_____

_____

第三關

 請以「大掃除」為題寫一篇文章，內容要運用到「排比法」喔！

大掃除

　　期末全校大掃除，老師叫我們把打掃用的「傢伙」帶來學校，有的人帶＿＿＿＿＿＿＿＿＿＿＿＿＿＿＿＿＿＿＿＿＿＿＿＿

　　我們分工合作，有的人掃地，有的人＿＿＿＿＿＿＿＿＿＿

＿＿＿＿＿＿＿＿＿＿＿＿＿＿＿＿＿＿＿＿＿＿＿＿＿＿＿＿

＿＿＿＿＿＿＿＿＿＿＿＿＿＿＿＿＿＿＿＿＿＿＿＿＿＿＿＿

＿＿＿＿＿＿＿＿＿＿＿＿＿＿＿＿＿＿＿＿＿＿＿＿＿＿＿＿

＿＿＿＿＿＿＿＿＿＿＿＿＿＿＿＿＿＿＿＿＿＿＿＿＿＿＿＿

地板有一灘水漬，我像踩到香蕉皮似的滑了一跤，摔個四腳朝天，疼痛不已，＿＿＿＿＿＿＿＿＿＿＿＿＿＿＿＿＿＿＿＿＿＿

＿＿＿＿＿＿＿＿＿＿＿＿＿＿＿＿＿＿＿＿＿＿＿＿＿＿＿＿

＿＿＿＿＿＿＿＿＿＿＿＿＿＿＿＿＿＿＿＿＿＿＿＿＿＿＿＿

＿＿＿＿＿＿＿＿＿＿＿＿＿＿＿＿＿＿＿＿＿＿＿＿＿＿

＿＿＿＿＿＿＿＿＿＿＿＿＿＿＿＿＿＿＿＿＿＿

　　期末大掃除，讓我熱淚盈眶，讓我興奮莫名，讓我畢生難忘。

修辭溫度計

 親愛的小朋友，活動已到尾聲，請檢核自己各個
項目的實踐狀況。統計自己努力的程度，記錄在
修辭溫度計上，並且想一想怎樣會更進步。

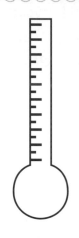

很好

普通

加油

 ## 學習成效檢核表

請依照自己的學習成效用色筆在不同的表情上塗畫顏色。

	學習目標	經常做到	有時做到	很少做到
聽	⊙ 能概略聽出朗讀時優美的節奏	☺	😐	☹
	⊙ 能簡要歸納聆聽的內容	☺	😐	☹
說	⊙ 能說出文章的大意	☺	😐	☹
	⊙ 能討論閱讀的內容，分享閱讀的心得	☺	😐	☹
讀	⊙ 能流暢的朗讀出文章	☺	😐	☹
	⊙ 能分辨報紙文章為記敘文	☺	😐	☹
寫	⊙ 能理解並運用排比修辭的技巧	☺	😐	☹
	⊙ 能做文章接寫的活動	☺	😐	☹
	⊙ 能概略知道寫作的步驟（從收集材料到審題、立意、選材及安排段落、組織成篇）	☺	😐	☹
	⊙ 配合生活經驗，能寫出簡單的分段文章	☺	😐	☹
學習成效	⊙ 能經由觀摩、欣賞與分享，培養良好的寫作態度與興趣	☺	😐	☹

參考解答

一、排比達人：2.（✓）、3.（✓）、5.（✓）、6.（✓）、8.（✓）、9.（✓）

二、修辭小偵探

1. <u>蒼綠的樹</u>、<u>高聳的山</u>和<u>嶄新的校舍</u>，一一呈現在我面前，頓時讓我愣住了！

2. <u>賽跑時，他們像敏捷的美洲豹，我們像慢吞吞的烏龜，苦苦的追趕；拔河時，他們像力大無窮的大象，我們像沒吃飯的老鼠，被他們拉過來拉過去。</u>

3. 今晚真特別，<u>讓我熱淚盈眶，讓我興奮莫名，讓我畢生難忘⋯⋯</u>

三、大顯身手

第一關

小試身手

　　才一進校園，我就被這美麗風景給吸引了，<u>清澈的水池</u>、<u>翠綠的草皮</u>和<u>繽紛的花朵</u>，一一呈現在我面前，頓時讓我愣住了！

更上層樓

　　才一進動物園，我就被這形形色色的動物給吸引了，<u>炯炯有神的非洲獅子</u>、<u>慵懶愜意的大嘴河馬</u>和<u>孤傲神秘的夜行貓頭鷹</u>，一一呈現在我面前，頓時讓我愣住了！

第二關

小試身手

　　賽跑時，他們像<u>靈活矯健</u>的羚羊，我們像<u>慢條斯理</u>的蝸牛，苦苦的追趕；拔河時，他們像<u>巨大無比</u>的恐龍，我們像<u>小巧輕盈</u>的蚱蜢，被他們拉過來拉過去。

更上層樓

運動會

　　今天是學校二十週年校慶，這場隆重的活動籌備已久。同學們個個摩拳擦掌，蓄勢待發，準備在各項體育競賽中大顯身手。青隊與黃隊每年都拚個你死我活，今年也不例外：<u>大隊接力</u>時，青隊像<u>急速奔馳的賽車</u>，黃隊像<u>風馳電掣的跑車</u>，不相上下；拔河時，青隊像<u>每餐吃十碗飯的大力士</u>，黃隊像<u>每天搬運水泥袋的粗工工人</u>，兩隊莫不全力以赴。我自己則是參加「兩人三腳」的趣味競賽，當槍聲一響，各班全力衝刺，有的搭檔嘴裡不停的喊一二一二，有的人說左右左右，有的人只喊「衝啊！」觀戰結果，我發現喊「衝啊」的組別通常跑到一半就被彼此絆倒了。我們班的策略是按照身高順序做分組，兩人小組的默契平日就要培養，我跟我的夥伴下課時腳都膩在一起，上廁所也一同並進，因此練就了絕佳的默契和技巧，在今天的比賽終於派上用場，身為最後一棒為班級奪得勝利，全班擊掌叫好，開心不已。運動會在歡呼聲中圓滿落幕了，期待明年的運動會趕快來到！

第三關

大掃除

　　期末全校大掃除，老師叫我們把打掃用的「傢伙」帶來學校，有的人帶洗衣粉，有的人帶菜瓜布，有的人帶洗衣刷……換上拖鞋後，感覺更興奮了，而且好舒服，很少有機會在學校可以光著腳丫踩著拖鞋走來走去。

　　我們分工合作，有的人掃地，有的人提水，有的人刷地板。清水與洗衣粉攪拌後，水桶裡面出現越來越多白色的泡沫，好像大杯奶昔般的綿密順口；肥皂水摸起來的感覺，比捉泥鰍還要滑溜，感覺棒極了！手邊沒有吹泡泡的用具，乾脆直接用手沾泡沫，吹出色彩繽紛的泡泡來，我吹出來的泡泡又大又圓，還停留在手上很久喔！全班同學見狀紛紛有樣學樣，大家玩得不亦樂乎！雖然如此，正事還是要做，因為老師說我們可以輕鬆的打掃，但不是隨便馬虎的交代過去，所以我們很認真的為自己的教室做徹底的清潔。刷完地板，正要提著水桶走出去換水時，地板有一灘水漬，我像踩到香蕉皮似的滑了一跤，摔個四腳朝天，疼痛不已，老師連忙過來看我的情況，同學也圍過來看我有沒有受傷。當下我除了覺得疼痛外，還覺得丟臉，竟然在大家的面前摔跤出糗。老師安慰我說：「很痛吧，老師都知道，現在還可不可以走路呢？老師背你到健康中心好了！」我擦擦眼淚，動動我開花的屁股，覺得沒有想像的糟糕。老師徵求同學陪我到健康中心，結果全班都舉手了，好感動喔！經過一節課的休息、同學的照顧，我又生龍活虎，回復元氣了。

　　期末大掃除，讓我熱淚盈眶，讓我興奮莫名，讓我畢生難忘。

四、修辭溫度計

視情況作答

修辭大作戰

___年 ___班 ___號 姓名：_____

譬喻修辭順口溜

「譬喻」的小名叫「比喻」，
「好像」、「真像」嘴巴溜出去，
好像機關槍掃射個不停息。
你是環，我是扣，
環環相扣總是情。

　　譬喻，又叫「比喻」，就是俗稱的「打比方」。凡兩件或者兩件以上的事物有類似的特點，運用類似點的事物，來比方說明這件事物，就叫譬喻。善用譬喻，可以使文章更生動，意義更明顯，情節更動人。

譬喻修辭知多少

「喻體」、「喻詞」、「喻依」三者組成而成為譬喻語法。

◈「喻體」是所要說明事物的主體；

◈「喻詞」是連接喻體和喻依的語詞；

◈「喻依」是用來比方說明此一事物的主體。

譬喻因為喻體、喻詞的省略或喻詞的改變，可以分成：

明喻

明喻＝喻體＋喻詞＋喻依

例如：結交到好朋友真像是閱讀了一本一本的好書。

隱喻

隱喻＝喻體＋喻詞（由「是」、「為」等繫語代替）＋喻依

例如：適時的鼓勵是一針強心劑。

怠忽懶惰，是一條綑住手腳的繩子。

略喻

略喻＝喻體＋喻詞（省略）＋喻依。

例如：癩蝦蟆想吃天鵝肉。

人情比紙薄。

借喻

借喻＝喻體（省略）＋喻詞（省略）＋喻依。

例如：挑戰極限的超人，贏得國際友誼。

（借喻林義傑挑戰極限的表現）

失根的蘭花。（用來借喻國土淪喪的人）

譬喻達人

十歲的感覺

國語日報／７版兒童園地／民國九十六年四月十七日

◎廖怡茹（花蓮縣明廉國小三年三班）

　　我是一個十歲的小女孩，現在是小學三年級。我的個性很開朗，喜歡直排輪和畫畫，愛和同學說笑話，我身邊的人都很關心我，十歲的我好幸福。

　　十歲的感覺好像一隻奔跑的花豹。每當我在操場上跑步，就像一隻飛快的花豹，可以一直超越別人，就像光速一樣快。可惜我有時候也會像花豹愛生氣，尤其是上課分組時，擔任組長的我不喜歡組員吵吵鬧鬧的，常常忍不住發脾氣。

　　十歲的感覺好像一棵小樹。喜歡學習新鮮事的我，就像受到陽光和雨水滋潤的小樹，一天一天慢慢長高；我每天開心的上課，就像小樹被溫暖的陽光照射，獲得充分的養分，所以我像小樹一樣越來越茁壯。

　　十歲的感覺好像一朵自由飄動的白雲。假日的時候，我像白雲一樣東奔西跑，活蹦亂跳的和家人到處玩耍。我有千奇百怪的幻想，就像白雲千變萬化。每當我抬頭欣賞天空的白雲，就會偷偷許下心願，希望將來可以成為一個受大家歡迎的女明星。

　　十歲的我無憂無慮，十歲的感覺真快樂。

請各位高手把文章中屬於譬喻修辭的句子打 ✓。

1.（　）我身邊的人都很關心我，十歲的我好幸福。

2.（　）十歲的感覺好像一隻奔跑的花豹。

3.（　）每當我在操場上跑步，就像一隻飛快的花豹。

4.（　）可以一直超越別人，就像光速一樣快。

5.（　）可惜我有時候也會像花豹一樣愛生氣。

6.（　）十歲的感覺好像一棵小樹。

7.（　）喜歡學習新鮮事的我，就像受到陽光和雨水滋潤的小樹。

8.（　）我每天開心的上課，就像小樹被溫暖的陽光照射，獲得充分的養分。

9.（　）十歲的感覺好像一朵自由飄動的白雲。

10.（　）假日的時候，我像白雲一樣東奔西跑，活蹦亂跳的和家人到處玩耍。

11.（　）我有千奇百怪的想法，就像白雲千變萬化。

12.（　）每當我抬頭欣賞天空的白雲，就會偷偷許下心願。

修辭小偵探

 看完了譬喻修辭介紹，現在請找出文章中出現的譬喻修辭，並用有顏色的筆標示出來。

大家一起做家事

國語日報／第7版兒童園地／民國九十六年四月二十日

◎宋明（台北市雨聲國小二年乙班）

學校為了讓我們了解家事是全家人的事，舉辦了「大家一起做家事」的闖關活動。平常有空就會幫媽媽做家事的我，心裡想：「做家事比賽可難不倒我！」我們一共分成兩組輪流闖關，我擰乾抹布擦桌子，又做垃圾分類、綁垃圾袋，考驗完掃地技巧，還得把衣褲摺得平平整整的……一節課我總共闖了六關，累得就像一隻在非洲撒哈拉大沙漠裡行走的駱駝。這時候，我才體會到平常一手包辦所有家事的媽媽，是這麼辛苦哇！

為了分擔媽媽的辛苦，在放學回家的路上，我左思右想，絞盡腦汁，終於想出了一個錦囊妙計。吃晚飯的時候，我提議：「我們吃完飯來開『家庭打掃會議』吧！」我們決議依照全家人的專長來分攤家事，就像老師按我們的能力分配打掃工作。

爸爸力氣大，負責提菜、搬重物；媽媽手藝好，負責烹煮美味可口的飯菜；姊姊效率高，負責掃地、拖地；至於我嘛，是媽媽的「黑貓宅急便」，只要媽媽一有需要，我的服務馬上到！

自從媽媽有了我們這兩個得力助手，她輕鬆多了，煮出來的菜餚也更美味了。每當晚飯後，全家坐在沙發上，一邊吃水果一邊看電視時，那種窗明几淨的舒適感，就像來到五星級飯店一樣享受！

（下頁續）

我覺得大家一起做家事，可以讓家裡變得清潔溜溜，媽媽每天有笑咪咪的快樂心情，更重要的是週休二日都可以開開心心的全家出遊了。大家一起做家事真是一舉數得呀！

大顯身手

認識譬喻法後，只要能完成下面有關譬喻修辭的挑戰，史上最強「譬喻」高手即將誕生！

第一關

◇ 時間好像子彈列車一樣，快得讓人還來不及看清楚就已經消失在鐵道的盡頭。

◇ 每當我在操場上跑步，就像一隻飛快的花豹。

小試身手

◇ 時間好像（　　　　　　　　　　），快得讓人還來不及看清楚就已經消失在鐵道的盡頭。

◇ 每當我在（　　　　　　　　），就像（　　　　　　　　　）。

更上層樓

◇ 時間好像（　　　　　　　　　　），快得讓人還來不及看清楚就已經消失在鐵道的盡頭。

◇ 每當我在（　　　　　　　　），就像（　　　　　　　　　）。

第二關

◇ 爸爸長得很帥，簡直就像影星周潤發一樣。

◇ 老師不在時，教室十分吵鬧，簡直就像早上的菜市場。

小試身手

◇ 爸爸（　　　　　　　　　），簡直就像（　　　　　　　　）一樣。

◇ 爸爸（　　　　　　　　　），簡直就像（　　　　　　　　）一樣。

◇ 老師不在時，教室十分吵鬧，簡直就像（　　　　　　　　）一樣。

更上層樓

請各位同學以「起床後」為題，利用譬喻修辭寫出一段文章。

起床後

　　噹！噹！噹！當鬧鐘響起就像＿＿＿＿＿＿一般，我立刻被驚醒。起床後的第一件事，我一定要把棉被摺得好像＿＿＿＿＿＿＿，然後飛快的進入盥洗室，拿起牙刷就好像＿＿＿＿＿＿＿＿，把牙齒刷得潔白清淨，就如＿＿＿＿＿＿＿一般，＿＿＿＿＿＿＿＿＿＿

＿＿＿＿＿＿＿＿＿＿＿＿＿＿＿＿＿＿＿＿＿＿＿＿＿

＿＿＿＿＿＿＿＿＿＿＿＿＿＿＿＿＿＿＿＿＿＿＿＿＿

＿＿＿＿＿＿＿＿＿＿＿＿＿＿＿＿＿＿＿＿＿＿＿＿＿

＿＿＿＿＿＿＿＿＿＿＿＿＿＿＿＿＿＿＿＿＿＿＿＿＿

＿＿＿＿＿＿＿＿＿＿＿＿＿＿＿＿＿＿＿＿＿＿＿＿＿

＿＿＿＿＿＿＿＿＿＿＿＿＿＿＿＿＿＿＿＿＿＿＿＿＿

第三關

請參考上一篇文章「十歲的感覺」摹寫出一篇文章，內容一定要使用到「譬喻法」。

＿＿＿＿歲的感覺

　　我是一個＿＿＿歲的小＿＿＿孩，現在小學＿＿＿年級，＿＿＿＿＿＿＿＿＿

＿＿＿＿＿＿＿＿＿＿＿＿＿＿＿＿＿＿＿＿＿＿＿＿＿＿＿＿＿＿＿＿＿＿＿＿

＿＿＿＿＿＿＿＿＿＿＿＿＿＿＿＿＿＿＿＿＿＿＿＿＿＿＿＿＿＿＿＿＿＿。

　　＿＿＿＿歲的感覺好像＿＿＿＿＿＿＿＿＿。每當我在＿＿＿＿＿＿＿＿

＿＿＿＿＿＿＿＿＿＿＿＿＿＿＿＿＿＿＿＿＿＿＿＿＿＿＿＿＿＿＿＿＿＿＿＿

＿＿＿＿＿＿＿＿＿＿＿＿＿＿＿＿＿＿＿＿＿＿＿＿＿＿＿＿＿＿＿＿＿＿＿＿

＿＿＿＿＿＿＿＿＿＿＿＿＿＿＿＿＿＿＿＿＿＿＿＿＿＿＿＿＿＿＿＿＿。

　　＿＿＿＿歲的感覺好像＿＿＿＿＿＿＿＿＿。每當我在＿＿＿＿＿＿＿＿

＿＿＿＿＿＿＿＿＿＿＿＿＿＿＿＿＿＿＿＿＿＿＿＿＿＿＿＿＿＿＿＿＿＿＿＿

＿＿＿＿＿＿＿＿＿＿＿＿＿＿＿＿＿＿＿＿＿＿＿＿＿＿＿＿＿＿＿＿＿＿＿＿

＿＿＿＿＿＿＿＿＿＿＿＿＿＿＿＿＿＿＿＿＿＿＿＿＿＿＿＿＿＿＿＿＿。

　　＿＿＿＿歲的我＿＿＿＿＿＿＿＿＿＿＿＿＿＿＿＿＿＿＿＿＿＿＿＿＿＿

＿＿＿＿＿＿＿＿＿＿＿＿＿＿＿＿＿＿＿＿＿＿＿＿＿＿＿＿＿＿＿＿＿＿＿＿

＿＿＿＿＿＿＿＿＿＿＿＿＿＿＿＿＿＿＿＿＿＿＿＿＿＿＿＿＿＿＿＿＿＿＿＿

＿＿＿＿＿＿＿＿＿＿＿＿＿＿＿＿＿＿＿＿＿＿＿＿＿＿＿＿＿＿＿。

修辭溫度計

 親愛的小朋友,活動已到尾聲,請檢核自己各項
能力的實踐狀況。統計自己努力的程度,記錄在
修辭溫度計上,並且想一想怎樣會更進步。

很好

普通

加油

 ## 學習成效檢核表

請依照自己的學習成效用色筆在不同的表情上塗畫顏色。

	學習目標	經常做到	有時做到	很少做到
聽	⊙ 能概略聽出朗讀時優美的節奏	☺	😐	☹
說	⊙ 能簡要歸納聆聽的內容	☺	😐	☹
讀	⊙ 能流暢的朗讀出本篇文章	☺	😐	☹
寫	⊙ 能理解並運用譬喻修辭的技巧	☺	😐	☹
	⊙ 能做文章接寫的活動	☺	😐	☹
	⊙ 能概略知道寫作的步驟(從收集材料到審題、立意、選材及安排段落、組織成篇)	☺	😐	☹
	⊙ 配合生活經驗,能寫出簡單的分段文章	☺	😐	☹
學習成效	⊙ 能經由觀摩、欣賞與分享,培養良好的寫作態度與興趣	☺	😐	☹

參考解答

一、譬喻達人：2 至 11 打勾。

二、修辭小偵探

　　1. 累得就像一隻在非洲撒哈拉大沙漠裡行走的駱駝。

　　2. 那種窗明几淨的舒適感，就像來到五星級飯店一樣享受！

三、大顯身手

　　第一關

　　小試身手

　　◇ 時間好像（高速鐵路一般），快得讓人還來不及看清楚就已經消失在
　　　鐵道的盡頭。

　　◇ 每當我在（睡覺的時候），就像（一隻沉睡的溫柔綿羊）。

　　更上層樓

　　◇ 時間好像（磁浮列車一般），快得讓人還來不及看清楚就已經消失在
　　　鐵道的盡頭。

　　◇ 每當我在（郊外爬山時），就像（體力充沛的爬山專家）。

　　第二關

　　小試身手

　　◇ 爸爸（長得又高又瘦），簡直就像（長長的竹竿）一樣。

　　◇ 爸爸（五官長得明顯），簡直就像（知名男明星）一樣。

　　◇ 老師不在時，教室十分吵鬧，簡直就像（叫賣聲不斷的拍賣市場 ）。

更上層樓

起床後

　　噹！噹！噹！當鬧鐘響起就像霹靂啪啦的鞭炮聲一般，我立刻被驚醒。起床後的第一件事，我一定要把棉被摺得好像豆腐一樣方正，然後飛快的進入盥洗室，拿起牙刷就好像機器人的動作快狠準一樣，把牙齒刷得潔白清淨，就如晶瑩剔透的白雪一般，再快速的穿上衣服，就像軍人一般整齊，然後優雅的吃著早餐，我彷彿就是皇宮裡的公主，接著就可以開心出發去上學了。

第三關

十歲的感覺

　　我是一個十歲的小女孩，現在小學四年級，個性活潑，但有點愛哭又愛生氣，興趣是唱歌及聽音樂，我也喜歡和同學玩紅綠燈，在我身邊的人都好疼我，十歲的我是幸福的。

　　十歲的感覺好像愛吃紅蘿蔔的小兔子。每當我在吃午餐時，有些同學很討厭吃紅蘿蔔，但紅蘿蔔是我最愛的食物之一。其實以前我也很討厭吃紅蘿蔔，因奶奶說了「吃紅蘿蔔會幫助我長高」，結果它就變成我的最愛了。

　　十歲的感覺好像一棵未曾開花結果的小樹。每當我在課堂上學會許多知識，就像小樹受到陽光、雨水滋潤一般。一天天長大茁壯，漸漸成為森林中高大的樹木。

　　十歲的我就像溫暖的太陽，總是家裡維持好天氣的大幫手，只要我在，家裡總是熱熱鬧鬧的；我有千奇百怪的想法，就像千變萬化的天氣一般。

行動與感動

 ## 過去式

揚帆待發

　　這是一個有理想的團隊！與大夥兒坐在同一艘船準備向夢想啟航之際，殊不知往後航程中的漫長與艱辛。我們確立了大方向（讀報、品格、修辭寫作）之後，便開始與小組成員設計單元內容與名稱，然而一次次的開會、嘗試、分享與修改，使得我們得一次次的揚帆、一次次出發。

時間總是不夠用

　　在符合課程目標的大前提下，運用一些符合旨意又新穎的標題來為各個小單元命名，接著確認每個單元的內容並進行分工。「品格一線牽」的單元對老師很有挑戰性，找出足以代表該品格的人物，敘述典範事蹟；但是對於學生卻是輕鬆學習的好管道，而且閱讀後不論在寫文章或是認知方面，就可以舉例相關的代表人物。好不容易完成了我們的課程架構，但找出適合的文章才是難題的開始。大家拚命的閱讀大量的報紙文章，互通有無，費了好大一番功夫，看著桌上零碎破亂的報紙，好像經過了戰亂一般慘不忍睹。接著是教材內容的設計了，既要能切合學生的程度，又要能適度的提升學生的能力；題目要趣味有創意，版面又必須活潑而美觀！事情做到這步田地，已經讓大夥兒拋夫棄子，連男朋友，甚至是全家大小都把假日耗在學校了！大家見面的口頭禪竟然是「你的作業交了沒？」

　　除了學校的業務與教學工作，這些課程的研討與設計真的占了大家大半的空暇時間，但大家仍埋頭苦幹，絲毫不敢怠惰，因為我們有一位萬能又堅

毅的現代「阿信」主任。他總是身先士卒，經常用一些風趣又嚴厲的語句，沉重又幽默的表情來「惕勵」我們，讓我們大家「心生畏懼」而奮勇向前。

如此繁忙另類的收穫是，大家更懂得珍惜假日了！

 進行式

挫折與轉機

記得當我們興沖沖展示報紙給孩子認識時，驚覺老師的興致勃勃與孩子無助的眼神形成強烈對比。原來，孩子對報紙真的是一竅不通，連一篇文章的編排順序與報紙的結構都搞不清楚，真正有讀報經驗的又寥寥無幾。後來，透過和同組老師的協同與合作教學，一人負責版面教學，一人負責報紙內容的介紹，其中又加入孩子喜歡的遊戲式活動，放慢進度，孩子終於克服了對報紙的恐懼。然而當孩子正確剪出一篇完整的報紙，並正確標出出處與日期，已經是兩個星期以後的事了！

我們要引起學生更多的學習興趣，透過閱讀工作坊中夥伴們的創意學習單分享，相互激盪出更多元活潑的引導方式，將同樣的學習以不同方式呈現，例如文章放大鏡、品格搜查隊……等多元化方式設計學習單，學生變得彷彿以「闖關」的態度在進行學習，也因此更喜歡寫學習單了！

我們常常處在與時間的拔河賽之中，擔心著學校課程進度與品格讀報進度。沒想到，過程意外順利，當孩子了解如何讀報後，我們將品格加入變得非常上手，因為品格就在我們的生活裡，孩子並不陌生。當孩子逐步建立起對六大品格的認知後，立即將品格融入班級經營中。「你不可以隨便拿他的東西，這是不尊重的」、「老師因為信賴我們，所以讓我們自己訂立一項作業」……這些都常出現在我們的對話之中！

學生的改變

　　整個教學課程進行了這麼久，讓人欣慰的，是孩子們開始喜歡讀報、剪報，變得更有耐心去看完整篇文章，欣賞文章中的美言佳句，也習慣性的會將它標示出來。孩子們開始懂得閱讀的美，開始學會去享受閱讀這件事，有時還得催促著他們下課時間到了才肯罷休，因為他們個個看起來樂在其中！「老師！謝謝您教我們閱讀報紙，如果沒有您，我一定不知道自己還有報紙這個好朋友！」曾有孩子在日記裡如此表示。孩子感恩有所得，這是一個老師的感動啊！

　　另外，我們發現學習單上的多元呈現讓孩子上起課來非常帶勁！他們對於新聞類的文章尤其感興趣。「老師！你不覺得信賴與責任很像嗎？因為要得到別人信賴，一定要先有負責的態度」，「老師！我覺得信賴與誠實比較像，因為一個誠實的人，大家才會信賴他」，「老師，如果像印度一樣，一出生就被決定一生的命運，各階級之間劃分界線，我覺得不公平、很痛苦」，「老師，即使是好朋友，考試作弊也不能偏袒，因為這樣是害了他」，「如果不小心撞到別人，或是造成別人不舒服，馬上道歉」，「排隊買電影票有年紀大的人插隊，要用堅定的口氣、禮貌的態度告知不應該」……在我們的品格教學中，我們鼓勵孩子間的「專業對話」，心中也欣喜於他們已了解其中的真諦。

　　「老師，什麼時候還要再上讀報課？」這是上了讀報教育後，小朋友們常問的一句話，他們對「讀報」議題充滿好奇與興趣，這種輕鬆活潑的學習單設計，讓孩子們更不會排斥語文練習，反而很期待每次的讀報課。

家長的感謝……

　　「老師，非常謝謝您！我們家的孩子這學期進步好多，也變得更有禮貌了！」這絕非自吹自擂，自從開始推行讀報紙、學品格後，就常聽到家長對

品格教育推廣的肯定與支持。家長笑著說,以前家裡的國語日報都要用「強迫」方式,小朋友才會看,現在他們都會主動翻閱家中的國語日報了;班級訂閱的報紙,也因為推廣了讀報教育後,翻閱的人數變多了。

 未來式

如果能夠……

如果能夠,我們希望能把步調再放慢一點,每週抽出固定的時段,和孩子來場心靈的饗宴,讓孩子分享他最愛的一篇文章或故事,聽聽他們內心想法,閱讀的「美」本不就是一種作者與讀者心靈交會所激發出來的「感動」嗎?如果孩子能同理別人的心,傾聽別人的聲音,用心來感受這個世界,我想他就能擁有最高尚的好品格。

如果能夠,我們希望能把時間拉長一些,每週固定讓孩子寫些文字,這些文字或長或短,或歡喜或悲傷,只要能真實記錄他們的感受與感情,都是珍貴的。如果孩子能懂得如何用文字來表達他的想法,宣洩他的情緒,讓別人因了解而感動,我想他就擁有最美好的語文能力。

如果能夠讓多一些人來參與,我想我們的孩子就有福了!而我們也不用這麼累了!

感謝

感謝這個由萬主任領導的團隊,讓我們沒有停止學習,享受大家一起為理想付出的感動!感謝專業、真誠的吳淑玲教授,您已是我們的偶像了!師長的用心與引導會深深的影響學生的言行舉止與學習態度,感謝孩子的成長與學習!

國家圖書館出版品預行編目資料

品格怎麼教 2 ？：讀報與修辭寫作／萬榮輝等著．吳淑玲
策畫主編．一初版．一臺北市：心理，2008.07
　　面；　公分 .--（教育現場；25）
中年級版
ISBN 978-986-191-153-3（平裝）

1. 德育　2. 寫作法　3. 語文教學　4. 小學教學

523.35　　　　　　　　　　　　　　　　　　97010484

教育現場 25　　**品格怎麼教 2 ？讀報與修辭寫作【中年級版】**

策 畫 主 編：吳淑玲
作　　　者：萬榮輝等
執 行 編 輯：陳文玲
總 編 輯：林敬堯
發 行 人：洪有義
出 版 者：心理出版社股份有限公司
社　　　址：台北市和平東路一段 180 號 7 樓
總　　　機：(02) 23671490　　傳　真：(02) 23671457
郵　　　撥：19293172　心理出版社股份有限公司
電 子 信 箱：psychoco@ms15.hinet.net
網　　　址：www.psy.com.tw
駐 美 代 表：Lisa Wu　　tel: 973 546-5845　fax: 973 546-7651
登 記 證：局版北市業字第 1372 號
電 腦 排 版：葳豐企業有限公司
印 刷 者：正恒實業有限公司
初 版 一 刷：2008 年 7 月
初 版 二 刷：2009 年 9 月

定價：新台幣 280 元　　■有著作權·侵害必究■
ISBN 978-986-191-153-3

讀者意見回函卡

No. _____ 填寫日期： 年 月 日

感謝您購買本公司出版品。為提升我們的服務品質，請惠填以下資料寄回本社【或傳真(02)2367-1457】提供我們出書、修訂及辦活動之參考。您將不定期收到本公司最新出版及活動訊息。謝謝您！

姓名：_____ 性別：1□男 2□女

職業：1□教師 2□學生 3□上班族 4□家庭主婦 5□自由業 6□其他____

學歷：1□博士 2□碩士 3□大學 4□專科 5□高中 6□國中 7□國中以下

服務單位：_____ 部門：_____ 職稱：_____

服務地址：_____ 電話：_____ 傳真：_____

住家地址：_____ 電話：_____ 傳真：_____

電子郵件地址：_____

書名：_____

一、您認為本書的優點：（可複選）

❶□內容 ❷□文筆 ❸□校對 ❹□編排 ❺□封面 ❻□其他____

二、您認為本書需再加強的地方：（可複選）

❶□內容 ❷□文筆 ❸□校對 ❹□編排 ❺□封面 ❻□其他____

三、您購買本書的消息來源：（請單選）

❶□本公司 ❷□逛書局⇨_____書局 ❸□老師或親友介紹

❹□書展⇨____書展 ❺□心理心雜誌 ❻□書評 ❼其他_____

四、您希望我們舉辦何種活動：（可複選）

❶□作者演講 ❷□研習會 ❸□研討會 ❹□書展 ❺□其他____

五、您購買本書的原因：（可複選）

❶□對主題感興趣 ❷□上課教材⇨課程名稱_____

❸□舉辦活動 ❹□其他_____ （請翻頁繼續）

廣　告　回　信
台 北 郵 局 登 記 證
台 北 廣 字 第 940 號

（免貼郵票）

 心理出版社 股份有限公司

台北市 106 和平東路一段 180 號 7 樓

TEL: (02) 2367-1490
FAX: (02) 2367-1457
EMAIL:psychoco@ms15.hinet.net

沿線對折訂好後寄回

六、您希望我們多出版何種類型的書籍

　❶□心理　❷□輔導　❸□教育　❹□社工　❺□測驗　❻□其他

七、如果您是老師，是否有撰寫教科書的計劃：□有□無

　　書名／課程：＿＿＿＿＿＿＿＿＿＿＿＿＿＿＿＿＿＿＿＿＿＿＿＿

八、您教授／修習的課程：

上學期：＿＿＿＿＿＿＿＿＿＿＿＿＿＿＿＿＿＿＿＿＿＿

下學期：＿＿＿＿＿＿＿＿＿＿＿＿＿＿＿＿＿＿＿＿＿＿

進修班：＿＿＿＿＿＿＿＿＿＿＿＿＿＿＿＿＿＿＿＿＿＿

暑　假：＿＿＿＿＿＿＿＿＿＿＿＿＿＿＿＿＿＿＿＿＿＿

寒　假：＿＿＿＿＿＿＿＿＿＿＿＿＿＿＿＿＿＿＿＿＿＿

學分班：＿＿＿＿＿＿＿＿＿＿＿＿＿＿＿＿＿＿＿＿＿＿

九、您的其他意見

＿＿＿＿＿＿＿＿＿＿＿＿＿＿＿＿＿＿＿＿＿＿＿＿＿＿＿＿＿＿＿＿

謝謝您的指教！　　　　　　　　　　　　　　41125

筆記欄

筆
記
欄

筆
記
欄

筆記欄

筆記欄

筆記欄

筆記欄

筆
記
欄